Laboratory Manual to accompany

Prego!
AN INVITATION TO ITALIAN

Laboratory Manual to accompany

Prego!
AN INVITATION TO ITALIAN

Sixth Edition

Andrea Dini
Montclair State University

Graziana Lazzarino
University of Colorado, Boulder

Boston   Burr Ridge, IL   Dubuque, IA   Madison, WI   New York   San Francisco   St. Louis
Bangkok   Bogotá   Caracas   Kuala Lumpur   Lisbon   London   Madrid   Mexico City
Milan   Montreal   New Delhi   Santiago   Seoul   Singapore   Sydney   Taipei   Toronto

This is an  book.

Laboratory Manual to accompany
Prego! *An Invitation to Italian*

Published by McGraw-Hill, an imprint of The McGraw-Hill Companies, Inc., 1221 Avenue of the Americas, New York, NY 10020. Copyright © 2004, 2000, 1995, 1990, 1984, 1980 The McGraw-Hill Companies, Inc. All rights reserved. No part of this publication may be reproduced or distributed in any form or by any means, or stored in a data base or retrieval system, without the prior written permission of The McGraw-Hill Companies, Inc., including, but not limited to, in any network or other electronic storage or transmission, or broadcast for distance learning.

3 4 5 6 7 8 9 0 QPD QPD 0 9 8 7 6 5

ISBN 0-07-288371-5

Vice President/Editor-in-Chief: *Thalia Dorwick*
Publisher: *William R. Glass*
Sponsoring Editor: *Christa Harris*
Director of Development: *Susan Blatty*
Development Editor: *Anastasia Schulze/Elm Street Publications*
Executive Marketing Manager: *Nick Agnew*
Project Manager: *Mel Valentín*
Production Supervisor: *Tandra Jorgensen*
Compositor: *The GTS Companies/York, PA Campus*
Typeface: *Palatino*
Printer: *Quebecor Printing Dubuque, Inc.*

Grateful acknowledgment is made for use of the following material:
All cartoons by permission of E'unidea s.r.l., Milan.

Contents

Preface

This *Laboratory Manual* accompanies *Prego! An Invitation to Italian,* Sixth Edition. Like the student text, the *Laboratory Manual* has been extensively revised, and instructors familiar with previous editions of it should look closely at the new edition.

The *Laboratory Manual* is coordinated with the *Audio Program* for the preliminary chapter and the eighteen regular chapters. Part A contains the preliminary chapter, the first nine regular chapters, and a separate disc with the **In ascolto** activities. Part B completes the program with chapters ten through eighteen. Part B also includes an **In ascolto** disc. Each chapter has forty to fifty minutes of recorded material. The speech on the audio program represents that of many regions of Italy; the language is authentic Italian.

We suggest that students listen to the recorded material on a given vocabulary or grammar section only after that material has been covered in class. We also recommend that students spend no more than thirty minutes at a time in the laboratory. A total of sixty minutes per week should allow students time to listen to the entire chapter at least once and to repeat any material on which they feel they need additional practice.

The *Laboratory Manual* is a guide to the audio. Directions for all recorded activities are in the manual, with a model provided for most. In some cases, cues and drawings to be used with activities appear in the manual; at other times, cues are heard on the recording only.

The **Capitolo preliminare** follows the corresponding chapter in the student text point-by-point. It introduces students to the basic sounds of Italian and to a variety of useful, everyday expressions, concluding with an open-ended activity.

Chapters 1–18 of the *Laboratory Manual* are organized as follows:

Vocabolario preliminare and **Grammatica.** These sections follow the sequence of material in the student text point-by-point. They include minidialogues and listening comprehension activities, in addition to grammar and vocabulary exercises. The **In ascolto** activities have also been integrated into each chapter at the end of the **Vocabolario** section.

Pronuncia. Capitolo 1 through **Capitolo 13** include focused practice of Italian sounds and intonation patterns.

Dialogo and **Ed ora ascoltiamo!** These extended passages (including everyday conversations, a housing interview, and an oral exam given by a professor to a student) with follow-up activities help improve students' global listening comprehension skills.

Dettato. A short dictation improves recognition of phonetic sounds and how to write them.

Sara in Italia. This light-hearted feature, extensively revised for this edition, follows Sara, a young American woman, throughout her travels in Italy. It provides additional listening comprehension practice as well as cultural and geographical information to wrap up each chapter. Related links for this section can be found in the **Sara in rete...** feature on the *Prego!* website.

Answers to most activities are on the recording. Several activities require written responses. Answers to these and to the dictations can be found at the back of this manual. The *Audioscript* is available to instructors only.

The authors would like to thank Thalia Dorwick, William Glass, Christa Harris, Susan Blatty, Mel Valentín, and Tandra Jorgensen of McGraw-Hill and Anastasia Schulze of Elm Street Publications for their useful and creative contributions to this *Laboratory Manual.*

CAPITOLO 6

Pronto in tavola!

Vocabolario preliminare

A. Per cominciare. Sentirai un dialogo due volte. La prima volta, ascolta attentamente. La seconda volta, il dialogo sarà ripetuto con pause per la ripetizione.

IRENE: Che fame, Fabio! Sono già le sette e mezzo. Cosa facciamo per cena?

FABIO: Non lo so… E poi il frigo è quasi vuoto! Perché non andiamo fuori a mangiare?

IRENE: Buon'idea! Ti va una pizzeria? Ho proprio voglia di una pizza…

FABIO: Anch'io… o di un bel piatto di spaghetti! Invitiamo anche Marco e Alessandra?

IRENE: Se non hanno già cenato! Possiamo anche ordinare delle pizze a casa, fare solo un primo e invitare Marco e Alessandra qui!

B. Che cosa preferisci? Sentirai un dialogo seguito da cinque domande. Sentirai il dialogo due volte. La prima volta, ascolta attentamente. La seconda volta, la parte di Irene sarà letta con pause per la ripetizione. Poi seleziona la risposta giusta.

Parole utili:

scegliere	*to choose*
la fragola	*strawberry*
il cono	*cone*
la coppetta	*dish*
il gusto	*flavor*

IRENE: Allora, cosa prendiamo?

FABIO: Per me, una pizza Margherita.

IRENE: Sono indecisa: una «Quattro Stagioni» o una «Napoli»?

FABIO: Non vuoi il primo?

IRENE: No, una pizza basta. No, aspetta, forse anche un piatto di lasagne… Allora prendo una «Napoli»… E poi voglio uscire a prendere un gelato!

FABIO: Mmmm, forse sei indecisa anche per quello… di quale hai voglia? Tanto lo so che non sai mai quale scegliere!

IRENE: Ma che dici! Lo voglio al cioccolato e alla fragola. No, aspetta, al limone e alla fragola… E tu, che gusto vuoi?

FABIO: Per me cioccolato e pistacchio. Nel cono. E tu?

IRENE: Io lo preferisco nella coppetta.

FABIO: Finalmente una decisione sicura!

IRENE: Ma anche il cono non è male…

1. a. una Margherita   b. una Napoli
2. a. una Quattro Stagioni   b. una Napoli
3. a. al cioccolato e al pistacchio   b. al pistacchio e alla fragola
4. a. al cioccolato e alla fragola   b. al limone e alla fragola
5. a. Fabio   b. Irene

C. C'è chi è a dieta e chi a dieta non è... Sentirai un dialogo due volte. La prima volta, ascolta attentamente. La seconda volta, completa il dialogo con le parole adeguate. Controlla le tue risposte con le soluzioni date in fondo al libro.

bistecca   il dolce   gli gnocchi   un'insalata

un minestrone   patate fritte   al pomodoro   tiramisù

MARISA: Che menu impressionante! Che cosa hai voglia di mangiare?

LUCIA: Per cominciare, _____,[1] e tu?

MARISA: Le lasagne al forno o _____[2] al pesto. Ma no, prendo una cosa

semplice, gli spaghetti _____.[3]

LUCIA: E poi?

MARISA: Una bella _____[4] alla griglia, con _____.[5]

LUCIA: Io invece prendo il pesce e _____.[6]

MARISA: Anche _____[7]?

LUCIA: No, non posso, sono a dieta.

MARISA: Davvero? Allora io prendo due porzioni di _____[8]... non sono a dieta, e posso mangiare anche la tua parte!

In ascolto

In cucina. Lucia, Marco e Francesco, tre compagni di casa, discutono della cena. Completa il menu della serata e nota chi prepara ogni piatto.

	ANTIPASTO	PRIMO	SECONDO	DOLCE
Lucia				
Marco				
Francesco				

 *Grammatica*

A. Pronomi di oggetto indiretto

A. Per cominciare. Sentirai un dialogo due volte. La prima volta, ascolta attentamente. La seconda volta, la parte di Elisabetta sarà letta con pause per la ripetizione.

ALBERTO: Siamo quasi a Natale. Cosa regaliamo quest'anno alla nonna?

ELISABETTA: Semplice. Le regaliamo il dolce tradizionale, il panettone.

ALBERTO: Benissimo! E allo zio Augusto?

ELISABETTA: Perché non gli compriamo un libro di cucina? Cucinare è il suo hobby preferito.

ALBERTO: Buon'idea! E tu, cosa vuoi?

ELISABETTA: Puoi comprarmi una macchina per fare la pasta. Così ci facciamo delle belle tagliatelle!

B. Quando? Di' che farai le seguenti azioni domani. Sostituisci (*Substitute*) con un pronome di oggetto indiretto il nome che nella frase ha uguale (*same*) funzione. Ripeti la risposta.

ESEMPIO: *Leggi:* telefonare **alla zia**
      Senti: Quando telefoni alla zia?
      Dici: Le telefono domani.

1. insegnare italiano **agli studenti**
2. dire «ti amo» **al tuo fidanzato**
3. offrire i cioccolatini **ai bambini**
4. preparare il regalo **per tua cugina**
5. regalare un libro **al tuo papà**
6. rispondere **a tua madre**

B. Accordo del participio passato nel passato prossimo

A. Per cominciare. Sentirai un dialogo due volte. La prima volta, ascolta attentamente. La seconda volta, la parte di Gino sarà letta con pause per la ripetizione.

SARA: Stasera c'è la festa a sorpresa per Massimo. Vediamo se tutto è a posto. Hai apparecchiato la tavola?

GINO: Sì, l'ho apparecchiata.

SARA: Hai incartato i regali per Massimo?

GINO: Sì, li ho incartati.

SARA: Hai preparato gli antipasti?

GINO: Sì, li ho preparati.

SARA: Hai comprato tutto? Hai ricordato il primo e il secondo e la frutta?

GINO: Sì, ho comprato tutto. Ho ricordato tutto. Tutto è pronto. È già pronto da due giorni. Tutti gli amici sanno che devono arrivare alle sette in punto.

SARA: Un'ultima domanda. Hai invitato Massimo?

GINO: Oh, no!

B. Di chi o di che cosa parliamo? Ascolta la frase. Seleziona la risposta che si accorda con la vocale finale del participio passato. Poi componi la frase sostituendo al pronome l'oggetto di cui si parla. (*Then formulate the sentence using the correct object instead of the pronoun.*) Ripeti la risposta.

> ESEMPIO: *Senti:* **L'ho mangiata.**
>
> *Leggi:* a. la mela   b. il gelato   c. le pizze
>
> *Segni:* (a.   la mela)
>
> *Senti:* a
>
> *Dici:* Ho mangiato la mela.

1. a. Anna e Nora
2. a. Paolo
3. a. l'insalata e le patate
4. a. la doccia
5. a. Piera
6. a. i film
7. a. i giornali
8. a. le moto

b. i film del terrore	c. il Colosseo
b. il Vaticano e il Papa	c. le foto
b. il primo e il secondo	c. la pasta
b. l'esame	c. il jogging
b. un messaggio	c. una lettera
b. le bici	c. le pizze e i gelati
b. le riviste	c. la poesia
b. le auto	c. il libro

C. Piacere

A. Per cominciare. Sentirai un brano due volte. La prima volta, ascolta bene. La seconda volta, completa il brano con le parole che mancano. Controlla le tue risposte con le soluzioni date in fondo al libro.

Gianni è avvocato. Lavora tutto il giorno e mangia spesso in buoni ristoranti con i clienti. _____ _____[1] il vino italiano, come antipasto gli piacciono i crostini, ma non _____ _____[2] i salumi. Dopo cena, _____ _____[3] fumare una sigaretta. Nel week-end, quando non deve lavorare, _____ _____[4] stare a casa, leggere dei libri e ascoltare musica.

Gianna è artista e musicista. Ha gusti semplici. La mattina _____ _____[5] bere un caffellatte e mangiare una brioche. _____ _____[6] molto i panini al prosciutto. Quando va in un ristorante, _____ _____[7] ordinare solamente un primo e un bicchiere di vino. La sera _____ _____[8] dipingere e suonare il piano, ma nel week-end è molto attiva. Le piace giocare a tennis, scalare montagne e pattinare.

B. Gli piace? Guarda i disegni e di' se alla gente piacciono o non piacciono i cibi. Ripeti la risposta.

ESEMPIO: *Vedi:*

Senti: A Giulio piacciono le patatine?
Dici: Sì, gli piacciono.

1.

2.

3.

4.

5.

D. Interrogativi

A. Per cominciare. Sentirai un dialogo seguito da tre domande. Sentirai il dialogo due volte. La prima volta, ascolta attentamente. La seconda volta, la parte di Lidia sarà letta con pause per la ripetizione. Poi seleziona la risposta giusta.

LIDIA: Chi è?
LORENZO: Sono Lorenzo.
LIDIA: Cosa vuoi?
LORENZO: Ti voglio parlare.
LIDIA: Perché?
LORENZO: Perché voglio parlare dell'altra sera.
LIDIA: Non voglio parlarti ora.
LORENZO: Quando posso ritornare?
LIDIA: Ritorna fra mezz'ora.

1. a. Lorenzo   b. Lidia
2. a. Vuole parlare con Lidia.   b. Vuole uscire con Lidia.
3. a. fra un'ora   b. fra mezz'ora

B. Roberto l'affascinante (*the charming*). Hai tante domande da fare riguardo al (*about the*) nuovo studente, Roberto. Fai (*Ask*) le domande appropriate alle risposte che senti. Ripeti la risposta.

> ESEMPIO: *Senti:*   Roberto è simpatico.
>   *Dici:*   Com'è Roberto?

1. ...   2. ...   3. ...   4. ...   5. ...   6. ...

C. Jeopardy culinaria. Fai la domanda giusta per ogni risposta. Usa l'interrogativo dato tra parentesi. Ripeti la risposta.

> ESEMPIO: *Senti e leggi:*   È un formaggio dolce che è usato con la pizza. (Cos'è... ?)
>   *Dici:*   Cos'è la mozzarella?

1. È una bevanda alcoolica, che gli italiani bevono molto. (Cos'è... ?)
2. Il significato (*meaning*) di questa parola è *pick me up* o *lift me up*. (Qual è... ?)
3. È della città di Parma. (Di dov'è... ?)
4. Li ha portati in Italia Cristoforo Colombo. (Chi... ?)
5. Pasta, uova, pepe, parmigiano, pancetta: questi sono gli ingredienti. (Quali sono... ?)
6. I piatti sono di solito tre: primo, secondo, dolce. (Quante... ?)
7. Lo mangiamo prima del primo. (Quando... ?)

Pronuncia: The sounds of the letter "z"

The letter **z** represents two sounds: [ć] as in the English word *bats* and [ź] as in the English word *pads*.

A. Z sonora. At the beginning of a word, **z** is usually pronounced as [ź], although this varies from region to region. Listen and repeat.

1. zampa
2. zero
3. zitto
4. zona
5. zucchero

B. Z sonora e z sorda. In the middle of words, **z** can have either the [ź] or the [ć] sound. The [ć] sound occurs frequently following **l** and **n**. Listen and repeat.

1. azalea   3. zanzara   5. differenza
2. pranzo   4. alzare   6. Lazio

C. Parliamo italiano! Listen and repeat.

1. Sai che differenza c'è tra colazione e pranzo?
2. Alla stazione di Venezia vendono pizze senza mozzarella.
3. Conosci molte ragazze con gli occhi azzurri?
4. A mezzogiorno ho lezione di zoologia.
5. C'è un negozio di calzature in Piazza Indipendenza.

Dialogo

Prima parte. Irene e Fabio aspettano Marco e Alessandra a cena e, mentre aspettano, preparano l'ultimo piatto, il dolce.

Ascolta attentamente il dialogo.

Parole utile: aggiungere (*to add*), recipiente (*container*), mescolare (*to mix*), strato (*layer*)

IRENE: Allora, Fabio, hai apparecchiato la tavola?

FABIO: Sì, ho già preparato tutto, la tavola è pronta, c'è il primo nel forno, gli antipasti sono in frigorifero e la bistecca è sulla griglia, ma dobbiamo aspettare Marco e Alessandra prima di cominciare a cucinarla…

IRENE: Ma il dolce? Non hai comprato il tiramisù?

FABIO: No, ho pensato di prepararlo qui con te, è un dolce veloce da fare.

IRENE: Allora, di che cosa abbiamo bisogno?

FABIO: Prendi i biscotti savoiardi, lì, sul tavolo di cucina, poi dal frigorifero prendi otto uova, due per persona e anche il mascarpone… cos'altro? Ah, lo zucchero e…

IRENE: Ho visto che c'è del caffè in cucina…

FABIO: Sì, abbiamo bisogno del caffè. Allora, prendiamo i biscotti, li bagniamo nel caffè e li mettiamo, uno accanto all'altro, in un recipiente. Poi mescoliamo le uova, lo zucchero e il mascarpone, così per fare una crema. E mettiamo questa crema sullo strato di biscotti. Bagniamo altri biscotti e…

IRENE: Ho capito, facciamo uno strato di biscotti bagnati con il caffè e poi uno strato di crema, ancora uno strato di biscotti, ancora uno di crema… e così via.

FABIO: Perfetto! Poi, mettiamo il recipiente in frigorifero, per un paio d'ore, così diventa freddo. Non credo di avere dimenticato niente!

Seconda parte. Ascolta di nuovo il dialogo. Fai particolare attenzione agli ingredienti e all'ordine della preparazione della ricetta.

Terza parte. Sentirai due volte, sei frasi basate sul dialogo. Segna, per ciascuna frase, **vero** o **falso.**

1. vero   falso

2. vero   falso

3. vero   falso

4. vero   falso

5. vero   falso

6. vero   falso

Ed ora ascoltiamo!

Che cena! Sentirai un discorso tra Laura e Danilo. Puoi ascoltare il dialogo quante volte vuoi. Poi sentirai cinque frasi due volte. Segna **vero** o **falso.**

1. vero   falso
2. vero   falso
3. vero   falso

4. vero   falso
5. vero   falso

 # Dettato

Sentirai un breve dettato tre volte. La prima volta ascolta attentamente. La seconda volta, il dettato sarà letto con pause tra le frasi. Scrivi quello che senti. La terza volta, correggi quello che hai scritto. Scrivi sulle righe date. Controlla il tuo dettato con le soluzioni date in fondo al libro.

Danilo ha cucinato _____

_____

_____

_____

_____

_____

_____

_____

_____

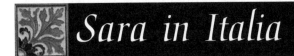

Sara in Italia

Sara è sul treno locale che da Bologna va a Rimini, una città della costa adriatica, famosa in tutta Europa per le spiagge, il mare e i divertimenti. Sara ha visitato Parma e Bologna con il suo amico Massimiliano, uno studente universitario bolognese, ed è stata al ristorante.

Ascolta attentamente il dialogo. Ascolta il dialogo quante volte voui. Poi, rispondi alle domande che senti. Sentirai ogni domanda due volte. Ripeti la risposta.

Parole utili: besciamella (_bechamel_), farina (_flour_), pizzico (_pinch_), noce moscata (_nutmeg_), più pregiato (_finest_)

    1. ...   2. ...   3. ...   4. ...   5. ...

Sara in rete...

For more information about what Sara experienced during her travels, check out the links found on the _Prego!_ website **(www.mhhe.com/prego6).**

CAPITOLO 7

Mi sveglio alle 8.00

 ## Vocabolario preliminare

A. Per cominciare. Sentirai un dialogo due volte. La prima volta, ascolta attentamente. La seconda volta, il dialogo sarà ripetuto con pause per la ripetizione.

NICOLA: Finalmente domenica! La vita di tutti i giorni è così stressante! Uscire di casa, andare al lavoro, andare qua e là, essere attivi, mai un minuto per stare a casa e rilassarsi…

SIMONE: Ma la domenica che fai a casa? Dormi?

NICOLA: Dalle otto alle dieci curo il giardino, poi lavo la macchina, a mezzogiorno cucino e poi pranzo, per due ore pulisco la casa, poi guardo lo sport in televisione, poi ascolto la musica mentre faccio l'aerobica, poi…

SIMONE: Questa non è una giornata di lavoro, secondo te?!

B. Giulia e la bella figura. Giulia vuole fare bella figura quando esce stasera. Sentirai un brano due volte. La prima volta, ascolta attentamente. La seconda volta, completa il brano con le parole che mancano. Controlla le tue risposte con le soluzioni date in fondo al libro.

Giulia stasera esce e vuole farsi bella (*get prettied up*). Dopo una giornata di lavoro e studio, ha

bisogno di _____,[1] allora decide di _____[2] il bagno e

di _____ _____.[3] Ma prima di fare il bagno, fa

____ _____[4] e poi stira dei vestiti. Dopo il bagno, ____[5] asciuga, si

_____,[6] si guarda allo specchio e ____ _____[7] un po'

gli occhi. ____ _____[8] il rossetto (*lipstick*) e infine le lenti a contatto. È

quasi pronta. ____ _____[9] uno dei suoi vestiti da sera. ____

_____[10] un po' di profumo e alla fine è pronta veramente per uscire.

C. L'abbigliamento. Identifica ogni capo (*each piece of clothing*) nel disegno (*drawing*). Comincia la frase con **È...** o **Sono...** . Ripeti la risposta.

> ESEMPIO: *Senti:* 1
> *Dici:* È una maglia.

2. ... 3. ... 4. ... 5. ... 6. ... 7. ... 8. ...

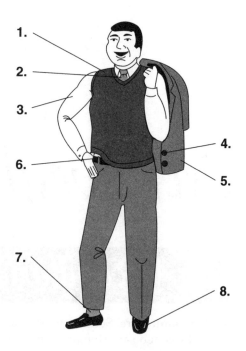

In ascolto

Che mi metto stasera? Luisa è una persona che non è mai soddisfatta. Stasera si lamenta dei suoi vestiti. Ascolta con attenzione la sua conversazione con un'amica e poi rispondi alle domande seguenti.

1. Perché Luisa non vuole uscire stasera?
2. Che cosa ha comprato ieri?
3. Che cosa ha comprato due giorni fa?
4. Secondo lei, di che cosa ha bisogno?

Grammatica

A. Verbi riflessivi

A. Per cominciare. Sentirai un dialogo due volte. La prima volta, ascolta attentamente. La seconda volta, il dialogo sarà ripetuto con pause per la ripetizione.

SIGNORA ROSSI: Nino è un ragazzo pigro: ogni mattina si sveglia tardi e non ha tempo di lavarsi e fare colazione. Si alza presto solo la domenica per andare in palestra a giocare a pallone.
SIGNORA VERDI: Ho capito: a scuola si annoia e in palestra si diverte.

B. Abitudini. Di' che le seguenti persone hanno le stesse abitudini (*same habits*) tue. Ripeti la risposta.

> ESEMPIO: *Leggi:* Mi lavo i denti spesso.
> *Senti:* Cinzia
> *Dici:* Anche lei si lava i denti spesso.

1. Mi alzo subito la mattina.
2. Mi sveglio presto.
3. Mi lavo con l'acqua fredda.
4. Mi vesto in fretta.

C. Che giornata! Sentirai un dialogo tra Franca e Gino in cui (*in which*) discutono della loro giornata stressante. Sentirai il dialogo due volte. La prima volta, ascolta attentamente. La seconda volta, prendi appunti (*take notes*) su Franca e Gino. Poi sentirai quattro domande e dovrai scegliere la risposta giusta. Leggi le risposte date prima di ascoltare il dialogo.

FRANCA _____

_____

GINO _____

_____

1. a. Si è solo lavata e vestita.
   b. Si è preparata con cura e poi ha preso l'autobus.
2. a. Gino è rilassato e riposato.
   b. Ha bisogno di caffè per stare bene.
3. a. Ha avuto una discussione con il direttore.
   b. Si è sentito molto, molto stanco.
4. a. Va al parco a rilassarsi.
   b. Sta a casa e dorme molto.

D. E tu, cosa hai fatto stamattina? Racconta come ti sei preparato/preparata stamattina, secondo i suggerimenti (*according to the cues*).

1. Mi sono alzato/alzata alle...
2. Mi sono lavato/lavata con l'acqua... (calda/fredda)
3. Mi sono messo/messa... (i jeans / una camicia / i calzini...)
4. (Non) Mi sono fatto la barba... / (Non) Mi sono truccata...
5. (Non) Mi sono fermato/fermata al bar a fare colazione.

B. Costruzione reciproca

A. Per cominciare. Sentirai un brano due volte. La prima volta, ascolta attentamente. La seconda volta, completa il brano con le parole che mancano. Controlla le tue risposte con le soluzioni date in fondo al libro.

Giulio e Anna _____ _____[1] molto bene—sono amici di infanzia. _____

_____[2] tutti i giorni a scuola e tutte le sere _____

_____[3] al telefono. Discutono sempre dei loro problemi perché _____

_____[4] benissimo. Secondo te, hanno intenzione di sposarsi un giorno?

Perché sì/no?

B. Davide e Serena. Davide e Serena sono proprio una bella coppia. Guarda i disegni e di' cosa fanno, secondo i suggerimenti. Ripeti la risposta.

ESEMPIO: *Vedi:*

Senti: guardarsi
Dici: Davide e Serena si guardano.

1.

2.

3.

4.

5.

C. Presente + *da* + espressioni di tempo

A. Per cominciare. Sentirai un brano due volte. La prima volta, ascolta attentamente. La seconda volta il brano sarà ripetuto con pause per la ripetizione.

RICCARDO: Ho un appuntamento con Paolo a mezzogiorno in piazza. Vogliamo andare a mangiare insieme. Io arrivo puntuale ma lui non c'è. Aspetto e aspetto, ma lui non viene. Finalmente, dopo un'ora, Paolo arriva e domanda: «Aspetti da molto tempo?» E io rispondo: «No, aspetto solo da un'ora!»

B. Attività. Di' da quanto tempo tu ed i tuoi amici partecipate alle seguenti attività. Usa le espressioni di tempo suggerite. Ripeti la risposta.

> ESEMPIO: *Senti:* Da quanto tempo disegni?
> *Leggi:* molto tempo
> *Dici:* Disegno da molto tempo.

1. un mese
2. tre settimane
3. cinque anni

4. un anno
5. tre anni

C. Caro professore, cara professoressa. Chiedi al tuo insegnante d'italiano da quanto tempo fa le seguenti cose. Ripeti la risposta.

> ESEMPIO: *Senti:* insegnare italiano
> *Dici:* Da quanto tempo insegna italiano?

1. ... 2. ... 3. ... 4. ... 5. ...

D. Avverbi

A. Per cominciare. Sentirai un brano seguito da tre domande. Sentirai il brano due volte. La prima volta, ascolta attentamente. La seconda volta, il brano sarà ripetuto con pause per la ripetizione. Scegli poi le risposte giuste alle domande che senti.

Sandro gioca molto bene a tennis. Gioca regolarmente ed è sempre pronto per una partita quando gli amici lo invitano.

Felice gioca male a golf. Va raramente a giocare e fa poca pratica.

1. a. Felice   b. Sandro
2. a. bene   b. male
3. a. Felice   b. Sandro

B. Veramente. Cambia i seguenti aggettivi in avverbi. Ripeti la risposta.

> ESEMPIO: *Senti:* vero
> *Dici:* veramente

1. ... 2. ... 3. ... 4. ... 5. ... 6. ...

C. Gli italiani. Tutti i tuoi amici vogliono sapere come sono gli italiani. Rispondi alle loro domande, secondo i suggerimenti. Ripeti la risposta.

> ESEMPIO: *Senti:* Come parlano gli italiani?
> *Leggi:* veloce
> *Dici:* Parlano velocemente.

1. elegante   2. rapido   3. abbondante   4. facile   5. gentile

E. Numeri superiori a 100

A. Per cominciare. Sentirai un dialogo due volte. La prima volta, ascolta attentamente. La seconda volta il dialogo sarà ripetuto con pause per la ripetizione.

MONICA: Mi sono diplomata nel 1996, mi sono laureata nel 2000, mi sono sposata nel 2001, ho avuto un figlio nel 2002 e una figlia nel 2003, ho accettato un posto all'università nel 2004...

SILVIA: Quando pensi di fermarti?

B. Quanto fa? Fai le addizioni dei seguenti numeri. Sentirai ogni addizione due volte. Ascolta attentamente, poi scrivi la somma dei due numeri che senti. Controlla le tue risposte con le soluzioni date in fondo al libro.

ESEMPIO: *Senti:* cento più (+) cento fa...
Scrivi i numeri e fai l'addizione: 100 + 100 = 200
Scrivi: duecento

1. _____
2. _____
3. _____
4. _____
5. _____
6. _____

Pronuncia: The sound of the letter "l"

In Italian, the letter l has a sound similar to that in the English word *love*. It is a clear sound, articulated at the front of the mouth, never at the back of the mouth, as in the English words *alter* and *will*.

A. L. Practice the l sound. Listen and repeat.

1. lavarsi
2. leggere
3. lira
4. loro
5. lunedì
6. salutare

B. L doppia. Compare and contrast the single and double sound of l. Note the slight change in vowel sound when the consonant following is doubled. Listen and repeat.

1. belo / bello
2. fola / folla
3. pala / palla
4. cela / cella

C. *L e gl.* As you learned in **Capitolo 3,** the sound of **gl** is different from the sound of **l.** Compare and contrast the sounds in the following pairs of words. Listen and repeat.

1. belli / begli
2. olio / aglio
3. male / maglia
4. filo / figlio

D. Parliamo italiano! Listen and repeat.

1. Come balla bene la moglie di Guglielmo! Glielo voglio dire.
2. Fa caldo a Milano in luglio?
3. Ecco il portafoglio di mio figlio.
4. Quella ragazza è alta e snella.
5. Vogliono il tè con il latte o con il limone?

 *Dialogo*

Prima parte. Gerry Milligan, uno studente d'italiano in Italia, si lamenta sempre dei suoi vestiti. Adesso è a Genova, a casa di Luca e Natasha.

Ascolta attentamente il dialogo.

GERRY: Natasha, non credo di poter uscire stasera! Non ho proprio niente da mettermi!
NATASHA: Ma non hai comprato un paio di pantaloni e una camicia nuova ieri?
LUCA: Guarda, Gerry, andiamo solo al ristorante, stai benissimo, va bene così!
NATASHA: Luca, guarda che capisco benissimo questi attacchi d'ansia di Gerry. Quando sono venuta in Italia la prima volta, tutti hanno fatto dei commenti sui vestiti che mi sono messa...
GERRY: Vedi, Luca, che ho ragione? È una ragione culturale, questa. Tutti gli italiani che vedo hanno sempre vestiti che vanno bene insieme. Certo che ho comprato dei vestiti nuovi ieri ma non ho le scarpe o la cintura adatte...
LUCA: Mamma mia, ma prova a metterti un paio di scarpe e andiamo, ho fame! E poi guarda me: la moda non mi interessa proprio.
NATASHA: Infatti, si vede! Luca, ma ti sei guardato allo specchio stamattina? Non ti sei fatto la barba, non ti sei pettinato...
LUCA: Ma è domenica, non voglio preoccuparmi della moda, mi voglio solo rilassare!

Seconda parte. Ascolta di nuovo il dialogo. Fai particolare attenzione alle preoccupazioni di Gerry e alle obiezioni di Luca.

Terza parte. Sentirai due volte sei frasi basate sul dialogo. Segna, per ciascuna frase, **vero** o **falso.**

1. vero   falso

2. vero   falso

3. vero   falso

4. vero   falso

5. vero   falso

6. vero   falso

Ed ora ascoltiamo!

Storiella d'amore. Sentirai un dialogo tra Romeo e Giulietta. Puoi ascoltare il dialogo quante volte vuoi. Poi sentirai cinque frasi da completare. Scegli il completamento giusto per ciascuna frase.

1. a. al bar.   b. ad una festa.
2. a. quando si sono guardati.   b. quando si sono salutati.
3. a. per caso (*by chance*) a Verona.   b. per caso ad una festa.
4. a. a Verona.   b. al Caffè Sportivo.
5. a. «Ti amo.»   b. «Sì, certo.»

Dettato

Sentirai un breve dettato tre volte. La prima volta ascolta attentamente. La seconda volta, il dettato sarà letto con pause tra le frasi. Scrivi quello che senti. La terza volta, correggi quello che hai scritto. Scrivi sulle righe date. Controlla il tuo dettato con le soluzioni date in fondo al libro.

Marilena, Franca, Elena e Silvia _____

_____

_____

_____

_____

_____

_____

_____

_____

_____

Sara in Italia

Tropea

Dalla costa adriatica, Sara è scesa a Tropea, una città della Calabria, sul mare Tirreno, per una breve vacanza. In spiaggia, parla con una signora italiana delle cose da vedere in Basilicata e in Calabria.

Ascolta attentamente il dialogo. Ascolta il dialogo quante volte vuoi. Poi, rispondi alle domande che senti. Sentirai ogni domanda due volte. Ripeti la risposta.

Parole utili: rocce (*rocks*), rovine (*ruins*), guerrieri (*warriors*)

   1. ...   2. ...   3. ...   4. ...   5. ...

Sara in rete...

For more information about what Sara experienced during her travels, check out the links found on the *Prego!* website **(www.mhhe.com/prego6).**

CAPITOLO **8**

C'era una volta...

 ## Vocabolario preliminare

A. Per cominciare. Sentirai un dialogo seguito da quattro domande. Sentirai il dialogo due volte. La prima volta, ascolta attentamente. La seconda volta, il dialogo sarà ripetuto con pause per la ripetizione. Scegli poi le risposte giuste alle domande che senti.

ROSSANA: Che dice il giornale sui programmi di stasera? Che danno in televisione?

FABRIZIO: C'è una partita di calcio su Rai Uno, se vuoi vedere lo sport. Gioca l'Italia...

ROSSANA: Telefilm interessanti?

FABRIZIO: Non credo, ma ci sono due bei film su Rai Tre e Canale Cinque più tardi, dopo il telegiornale.

ROSSANA: E adesso che c'è?

FABRIZIO: È l'ora del telegiornale. Possiamo vedere un DVD o ascoltare la radio.

ROSSANA: Ma no, andiamo al cinema invece. Ho letto una recensione molto positiva dell'ultimo film di Spielberg...

1. a. C'è una partita di calcio.   b. C'è una partita di basketball.
2. a. Ci sono due film interessanti.   b. C'è una partita di calcio.
3. a. Propone vedere la partita.   b. Propone vedere una videocassetta.
4. a. Vuole vedere un film in televisione. b. Vuole vedere un film al cinema.

B. La stampa. Sentirai sei definizioni di parole che hanno a che fare con (*that have to do with*) la stampa. Sentirai le definizioni due volte. Scegli la parola corrispondente a ciascuna definizione e scrivi la parola sulla riga data. Controlla le tue risposte con le soluzioni date in fondo al libro.

la cronaca il quotidiano
il mensile la recensione
la pubblicità il settimanale

1. _____

2. _____

3. _____

4. _____

5. _____

6. _____

In ascolto

Recensioni e interviste... Sandra e Claudia discutono delle recensioni e interviste a Roberto Benigni, un famoso attore comico e regista italiano. Ascolta con attenzione la loro conversazione e rispondi alle domande seguenti.

1. Cosa c'è sul giornale di oggi?
2. Cosa ha letto Claudia su un settimanale?
3. Su che cosa sono le domande dell'intervista che Sandra ha letto sul giornale di oggi?
4. Cosa ha intenzione di fare Sandra stasera?

Grammatica

A. Imperfetto

A. Per cominciare. Sentirai un dialogo due volte. La prima volta, ascolta attentamente. La seconda volta, il dialogo sarà ripetuto con pause per la ripetizione.

LUIGINO: Papà, mi racconti una favola?

PAPÀ: Volentieri! C'era una volta una bambina che si chiamava Cappuccetto Rosso perché portava sempre una mantella rossa col cappuccio. Viveva vicino a un bosco con la mamma...

LUIGINO: Papà, perché mi racconti sempre la stessa storia?

PAPÀ: Perché conosco solo una storia!

B. Come eravamo... Guardi le vecchie foto di famiglia. Di' come erano i membri della famiglia, secondo i suggerimenti. Ripeti la risposta.

ESEMPIO: *Senti:* la nonna
Leggi: essere una bella ragazza
Dici: La nonna era una bella ragazza.

1. avere la barba nera
2. portare la gonna corta
3. essere grasso
4. mettere vestiti buffi
5. andare in bicicletta
6. essere un atleta
7. portare gli occhiali
8. avere tanti capelli

C. Davide e Serena. Davide e Serena erano una bella coppia ma... non più. Metti le frasi di Davide all'imperfetto. Ripeti la risposta.

ESEMPIO: *Senti:* Io le porto sempre i fiori.
Dici: Io le portavo sempre i fiori.

1. ... 2. ... 3. ... 4. ... 5. ...

D. Sempre, spesso o mai? Con quale frequenza facevi le seguenti azioni da bambino o bambina? Sentirai, per due volte, otto domande. Prendi appunti sulle domande e segna nello schema con quale frequenza facevi le seguenti azioni da bambino o bambina. Poi scrivi tre frasi su cosa facevi, sempre, spesso o mai, sulle righe date.

	SEMPRE	SPESSO	MAI
1. _____	☐	☐	☐
2. _____	☐	☐	☐
3. _____	☐	☐	☐
4. _____	☐	☐	☐
5. _____	☐	☐	☐
6. _____	☐	☐	☐
7. _____	☐	☐	☐
8. _____	☐	☐	☐

Sempre: _____

Spesso: _____

Mai: _____

B. Imperfetto e passato prossimo

A. Anche noi! Giancarlo ti racconta cosa ha fatto ieri. Di' che sono tutte cose che tu e i tuoi fratelli facevate da piccoli. Ripeti la risposta.

ESEMPIO: *Senti:* Ieri ho mangiato molta pizza.
Leggi: anche mia sorella
Dici: Anche mia sorella da piccola mangiava molta pizza.

1. anche mio fratello
2. anche le mie sorelle
3. anche i miei fratelli

4. anche noi
5. anch'io

C. Trapassato

A. Per cominciare. Sentirai un brano due volte. La prima volta, ascolta attentamente. La seconda volta, completa il brano con le parole che mancano. Controlla le tue risposte con le soluzioni date in fondo al libro.

Gino aveva capito che l'appuntamento con Susanna

_____¹ alle 8.00, ma Susanna _____

_____² che era alle 7.00. Alle 7.30 Susanna

_____³ stanca di aspettare Gino ed era molto arrabbiata.

Così _____ _____⁴ al cinema con la sua

compagna di stanza. Gino _____ _____⁵ alle

8.00 in punto, ma quando è arrivato Susanna _____ già

_____⁶. Povero Gino!

B. Ma perché? Mariella vuole sapere perché sono successe certe cose. Rispondi alle sue domande, secondo i suggerimenti. Ripeti la risposta.

> ESEMPIO: *Senti:*   Perché eri di umore nero (*in a bad mood*)?
>   *Leggi:*   lavorare troppo
>   *Dici:*   Ero di umore nero perché avevo lavorato troppo.

1. studiare tutta la notte
2. perdere l'autobus
3. aspettare due ore
4. mangiare solo un panino
5. dimenticare l'orologio

C. La fiaba confusa (*Mixed-up fairy tale*). Sentirai raccontare una fiaba piuttosto particolare. Sentirai le due parti della fiaba due volte. La prima volta, ascolta attentamente. La seconda volta, completa la prima metà con il verbo all'imperfetto e la seconda metà con il verbo al trapassato. Controlla le tue risposte con le soluzioni date in fondo al libro. Poi inventa un finale alla fiaba. Ferma la registrazione per scrivere il finale sulle righe date.

Vocabolario utile

Cappuccetto Rosso	*Little Red Riding Hood*
Cenerentola	*Cinderella*
Biancaneve	*Snow White*
la Bella Addormentata	*Sleeping Beauty*

La prima metà.

C'_____¹ una volta una bella bambina che _____² sola nel bosco. _____

_____³ Cappuccetto Rosso, perché _____⁴ un vestito con un cappuccio che

_____⁵ rosso come un pomodoro. Cappuccetto un giorno _____⁶ andare a fare

visita alla nonna, così esce di casa e mentre _____⁷ nel bosco incontra Cenerentola.

La seconda metà.

Insieme vanno dalla nonna e, quando arrivano, vedono uscire la Bella Addormentata, che

_____ _____ appena (*just*) _____⁸ dal suo sonno e che cercava il suo

Principe. La Bella Addormentata _____ _____⁹ invece la casa della nonna. La

nonna le _____ _____¹⁰ che il Principe _____ _____¹¹ a

cercare Biancaneve, perché Biancaneve _____ _____¹² una scarpa nella foresta e

il principe _____ _____¹³ a incontrarla. Lui aveva la scarpa che la nonna

_____ _____.¹⁴

Ora ferma la registrazione e scrivi un finale possibile.

_____

_____

_____

_____

_____

_____

D. Suffissi

A. Per cominciare. Sentirai un brano due volte. La prima volta, ascolta attentamente. La seconda volta, il brano sarà ripetuto con pause per la ripetizione.

Ha visto passare il mio fratellino? È un bambino con un nasino tanto carino, due manine graziose e due piedini piccolini piccolini.

B. Una letterona! Guarda i disegni e seleziona quello indicato nella frase che senti.

ESEMPIO: *Vedi:* a.  b.

Senti: Ho ricevuto una letterona!

Scegli: a.   (b.)

1. a.  b.  2. a.  b.

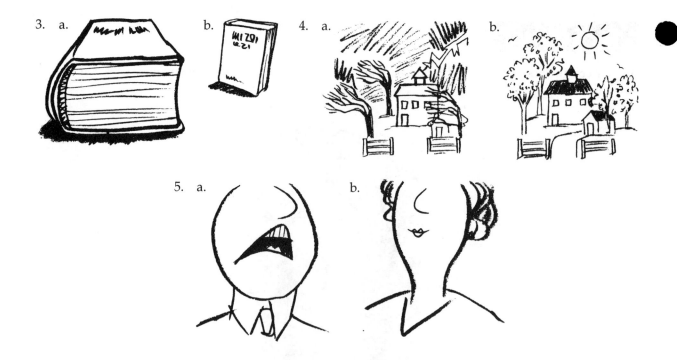

3. a.   b.

4. a.   b.

5. a.   b.

Pronuncia: The sounds of the letters "m" and "n"

A. *M* e *m* doppia. The letter **m** is pronounced as in the English word *mime.* Listen and repeat.

1. marito
2. mese
3. minuti

4. moto
5. musica

Now contrast the single and double sound of **m.** Listen and repeat.

1. m'ama / mamma
2. some / somme
3. fumo / fummo

B. *N* e *n* doppia. The letter **n** is pronounced as in the English word *nine.* Listen and repeat.

1. naso
2. neve
3. nipoti

4. noioso
5. numeroso

Now contrast the single and double sound of **n.** Listen and repeat.

1. la luna / l'alunna
2. noni / nonni
3. sano / sanno

C. *Gn.* As you learned in **Capitolo 3,** the combination **gn** has its own distinct sound. Compare and contrast the [n] and the [ny] sounds in the following pairs of words. Listen and repeat.

1. campana / campagna
2. anello / agnello
3. sono / sogno

D. Parliamo italiano! Listen and repeat.

1. Guglielmo Agnelli è un ingegnere di Foligno.
2. Il bambino è nato in giugno.
3. Dammi un anello, non un agnello!

4. Buon Natale, nonna Virginia!
5. Anna è la moglie di mio figlio Antonio.

Dialogo

Prima parte. Paola e Davide parlano di una retrospettiva dei film di Fellini che Paola ha visto recentemente a Roma.

Ascolta attentamente il dialogo.

PAOLA: È stato bello rivedere i film di Fellini nello spazio di pochi giorni; non li ho rivisti tutti ma quelli che mi sono sempre piaciuti di più...

DAVIDE: Qual è il tuo film preferito, allora? Io non li conosco bene, non li ho mai visti al cinema!

PAOLA: Davvero, Davide? Mai? Io ho cominciato a vederli quando ero bambina, erano i film che piacevano di più a mio padre... E poi, anche i miei sono di Rimini, la città di Fellini.

DAVIDE: Ma dimmi, allora, quale film mi consigli?

PAOLA: A me piace molto *Amarcord.* Il titolo, nel dialetto della Romagna, significa «Mi ricordo». È un film autobiografico, girato appunto a Rimini con un protagonista che era come il regista quando era bambino, durante gli anni del fascismo. È un film divertente, comico e nostalgico al tempo stesso.

DAVIDE: Ma di che parla?

PAOLA: È un po' difficile dirlo. Parla di una famiglia italiana, quella del bambino, e tutto il film è visto con gli occhi del bambino che cresce, osserva e interpreta la realtà di una città con il fascismo, con i contrasti con i genitori, i nonni, i primi amori e le ossessioni per le donne. Un tema comune di Fellini è l'amore per le donne, infatti, come vediamo anche in *8 1/2*!

DAVIDE: Sembra interessante.

PAOLA: Lo è! Puoi prenderlo a noleggio in videocassetta o vederlo anche in DVD, credo.

Seconda parte. Ascolta di nuovo il dialogo. Fai particolare attenzione alle caratteristiche del film di Fellini.

Terza parte. Sentirai due volte sei frasi basate sul dialogo. Segna, per ciascuna frase, **vero** o **falso.**

1. vero   falso
2. vero   falso
3. vero   falso
4. vero   falso
5. vero   falso
6. vero   falso

Ed ora ascoltiamo!

Angela, una giovane donna italiana, è intervistata da un giornalista. Sentirai il loro dialogo. Puoi ascoltare il dialogo quante volte vuoi. Poi sentirai, due volte, cinque frasi e dovrai segnare, per ciascuna frase, **vero** o **falso.**

1. vero   falso

2. vero   falso

3. vero   falso

4. vero   falso

5. vero   falso

Dettato

Sentirai un breve dettato. La prima volta, ascolta attentamente. La seconda volta, il dettato sarà letto con pause tra le frasi. Scrivi quello che senti. La terza volta, correggi quello che hai scritto. Scrivi sulle righe date. Controlla il tuo dettato con le soluzioni date in fondo al libro.

Maurizio e Rinaldo _____

_____

_____

_____

_____

_____

_____

_____

Sara in Italia

Sara aveva comprato dei biglietti per uno spettacolo all'Arena di Verona e adesso è in Veneto, a far visita ai suoi cugini. Dopo un giro a Venezia e a Padova, adesso è tornata a Verona, la città dei suoi parenti. Per strada incontra Massimo, un amico che ha conosciuto attraverso sua cugina Antonella.

Ascolta attentamente il dialogo. Ascolta il dialogo quante volte vuoi. Poi, rispondi alle domande che senti. Sentirai ogni domanda due volte. Ripeti la risposta.

Parole utili: indovinelli (*riddles*)

    1. ...   2. ...   3. ...   4. ...   5. ...

Sara in rete...

For more information about what Sara experienced during her travels, check out the links found on the *Prego!* website **(www.mhhe.com/prego6).**

CAPITOLO **9**

Come ti senti?

Vocabolario preliminare

A. Per cominciare. Sentirai un dialogo seguito da tre frasi. Sentirai il dialogo due volte. La prima volta, ascolta attentamente. La seconda volta, il dialogo sarà ripetuto con pause per la ripetizione. Poi ascolta le frasi e scegli, per ciascuna frase, **vero** o **falso.**

ROBERTA: E allora, che cosa è successo?
ANTONELLA: Non ricordo proprio bene. Sciavo molto veloce e poi—improvvisamente ho perso il controllo degli sci, e mi sono svegliata all'ospedale…
ROBERTA: Io mi sono rotta la gamba sinistra lo scorso inverno, una vera scocciatura…
ANTONELLA: Pensa a me allora. I dottori hanno detto che non posso scrivere per almeno due mesi!
ROBERTA: Una bella scusa per non fare i compiti, eh?

1. vero   falso

2. vero   falso

3. vero   falso

B. Indovinelli. Sentirai cinque indovinelli. Indovina una parte del corpo per (*to which*) ogni frase. Scrivi nella scatola il numero corrispondente alla parola.

Parole utili

   l'ossigeno   *oxygen*

il cuore   la schiena

i denti

il naso   la testa

1. …   2. …   3. …   4. …   5. …

C. Identificazioni. Identifica ogni parte del corpo nel disegno. Scegli le parole fra quelle suggerite. Comincia la frase con **È...** o **Sono...** Ripeti la risposta.

ESEMPIO: *Senti:*   1
           Dici: Sono le dita.

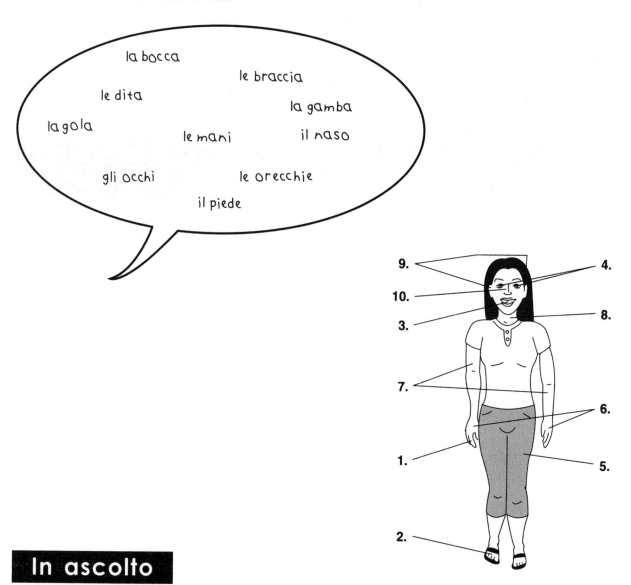

la bocca
le braccia
le dita
la gamba
la gola
le mani
il naso
gli occhi
le orecchie
il piede

9. 10. 3. 7. 1. 2. 4. 8. 6. 5.

In ascolto

Un'escursione. Alessandra e Alberto fanno un programma per il week-end. Ascolta con attenzione la loro conversazione e decidi se le seguenti affermazioni sono vere o false. Poi, correggi le affermazioni false.

1. Alessandra ha bisogno di rilassarsi.   vero   falso

_____

2. Alessandra e Alberto vogliono andare in montagna fra due settimane.   vero   falso

_____

3. Alessandra conosce dei posti bellissimi sulle Dolomiti.   vero   falso

_____

4. Paolo preferisce il mare perché non gli piace camminare.   vero   falso

_____

5. Alberto vuole convincere Paolo ad andare in montagna.   vero   falso

_____

Grammatica

A. Pronomi tonici

A. Per cominciare. Sentirai un dialogo due volte. La prima volta, ascolta attentamente. La seconda volta, il dialogo sarà ripetuto con pause per la ripetizione.

PAZIENTE: Quando L'ho visto due settimane fa, mi ha detto che non avevo problemi con la vista.

OURLISTA: Mi dispiace, ma non credo di averLa visitata. Ha visto me, o forse un altro medico?

PAZIENTE: Sono sicurissima, ho visto Lei… Oh, mi sbaglio, non ho visto Lei. Ho visto un medico alto, grasso, con capelli neri e occhiali.

B. Per chi? Sentirai chiedere per chi prepari ogni specialità. Rispondi con i pronomi tonici appropriati. Ripeti la risposta.

ESEMPIO: *Senti:* Questo è per la mamma?
Dici: Sì, è per lei.

1. … 2. … 3. … 4. … 5. … 6. …

C. Curiosità. Luca ti fa tante domande oggi. Rispondi alle sue domande con i pronomi tonici appropriati. Ripeti la risposta.

ESEMPIO: *Senti:* Esci con Mario?
Dici: Sì, esco con lui.

1. … 2. … 3. … 4. … 5. … 6. …

B. Comparativi

A. Per cominciare. Sentirai un brano seguito da tre frasi. Sentirai il brano due volte. La prima volta, ascolta attentamente. La seconda volta, il brano sarà ripetuto con pause per la ripetizione.

Io ho due gemelli. Sandra è più sportiva di Michele, ma Michele è più interessato alla musica di Sandra. Sandra è meno timida di Michele; lei è molto più estroversa di lui. Michele è carino e gentile come Sandra—sono due ragazzi simpaticissimi.

B. Comparazioni. Usa le informazioni che vedi ed i nomi che senti per fare confronti (*make comparisons*). Ripeti la risposta.

> ESEMPIO: *Senti:* l'America, l'Italia
> *Leggi:* grande (+)
> *Dici:* L'America è più grande dell'Italia.

1. vecchio (−)
2. alto (+)
3. grasso (−)
4. popolare (−)
5. costoso (+)
6. violenti (+)

C. Chi? Guarda il disegno e rispondi alle domande. Sentirai ogni domanda due volte. Ripeti la risposta.

> ESEMPIO: *Senti:* Chi è meno alto di Giorgio?
> *Dici:* Rosa è meno alta di Giorgio.

1. ... 2. ... 3. ... 4. ... 5. ...

C. Superlativi relativi

Claudio lo straordinario! Claudio è un giovane eccezionale. Di' quanto è bravo a confronto con la sua famiglia. Ripeti la risposta.

> ESEMPIO: *Senti:* simpatico
> *Dici:* È il ragazzo più simpatico della famiglia.

1. ... 2. ... 3. ... 4. ... 5. ...

D. Comparativi e superlativi irregolari

A. Per cominciare. Sentirai un dialogo due volte. La prima volta, ascolta attentamente. La seconda volta, il dialogo sarà ripetuto con pause per la ripetizione.

MAMMA: Ti senti meglio oggi, Carletto?
CARLETTO: No, mamma, mi sento peggio.
MAMMA: Poverino! Ora ti do una medicina che ti farà bene.
CARLETTO: È buona?
MAMMA: È buonissima, migliore dello zucchero!
...
CARLETTO: Mamma, hai detto una bugia! È peggiore del veleno!

B. La medicina di Pinocchio... Pinocchio è malato o forse no. Sentirai il dialogo tra Pinocchio e la fata (*fairy*) due volte. La prima volta, ascolta attentamente. La seconda volta, completa il dialogo con le parole che mancano. Controlla le tue risposte con le soluzioni date in fondo al libro.

Parole utili

crescere	*to grow*
pericoloso	*perilous*
allungarsi	*to get longer*

FATA: Allora, Pinocchio, non ti senti _____[1] oggi? Sei pronto per tornare a scuola?

PINOCCHIO: No, fatina, sto ancora male. Anzi, sto _____.[2] Questa è la

_____[3] influenza che ho mai avuto…

FATA: Mamma mia, forse è vero, anche il naso ti cresce. Dev'essere un'influenza molto pericolosa… Poverino! Adesso, però ti do una medicina che ti può fare bene…

PINOCCHIO: E com'è questa medicina? È buona?

FATA: È _____[4] dello zucchero!

PINOCCHIO: Oh, fata mia, hai detto una bugia! È _____[5] del veleno!

FATA: Vedi il vantaggio di essere umani! Se dico una bugia il mio naso non si allunga!

C. Secondo me… Sentirai un'opinione e dovrai esprimere l'opinione opposta. Ripeti la risposta.

ESEMPIO: *Senti:* Hanno pattinato meglio di tutti!
Dici: No, hanno pattinato peggio di tutti!

1. … 2. … 3. … 4. … 5. …

Pronuncia: The sounds of the letter "r"

There is no parallel in English for the Italian **r** sound. The tongue is held very loosely against the alveolar ridge (right behind the upper teeth) so that the flow of air makes it vibrate.

With practice, most people can learn to roll their **r**'s. If at first you don't succeed . . . Keep trying!

A. R. Practice the single **r** sound. Listen and repeat.

1. raccontare
2. regalare
3. riportare
4. romantico
5. russo
6. proprio

B. *Tr* e *r* finale. Pay particular attention to the combination **tr** and to the sound of **r** in final position. Listen and repeat.

1. treno
2. strada
3. centro
4. bar
5. per

C. R doppia. Contrast the single and double sound of **r**. Make a special effort to lengthen the sound of double **r,** and don't worry if your pronunciation seems exaggerated at first. Listen and repeat.

1. caro / carro
2. sera / serra
3. cori / corri
4. spore / porre

D. Parliamo italiano! Listen and repeat.

1. La loro sorella preferisce vestirsi di marrone.
2. Trentatré Trentini entrarono a Trento tutti e trentatré trotterellando su trentatré trattori trainati da treni.
3. Verrà stasera? Sì, ma telefonerà prima di venire.
4. Preferisce comprare le arance dal fruttivendolo? Credo di sì.
5. Corro perché sono in ritardo per le prove del coro.

Dialogo

Prima parte. Sentirai un dialogo tra Valeria ed Emanuele. Valeria racconta ad Emanuele della malattia di suo fratello.

Ascolta attentamente il dialogo.

EMANUELE: Ciao, Valeria, come va?

VALERIA: Non troppo bene, anzi, male, malissimo!

EMANUELE: Che è successo?

VALERIA: A me, niente, ma ho appena saputo che mio fratello è malato di cuore.

EMANUELE: Mi dispiace davvero, è già una situazione grave?

VALERIA: Deve ancora andare a parlare con gli specialisti, ma ha già saputo che la cura migliore a questo punto è un bypass. Probabilmente deve andare a fare l'operazione nelle Marche. Là c'è un famoso Istituto cardiologico e lui deve parlare con i dottori. Ho parlato al telefono con lui mezz'ora fa.

EMANUELE: Oh, mi dispiace davvero!

VALERIA: In questi giorni sta peggio del solito. Ha problemi di respirazione, si stanca subito e non è ottimista come me. Un bypass è un'operazione difficile, però, capisco il suo pessimismo.

EMANUELE: Vero, però oggi la tecnologia e le medicine possono fare miracoli. La ricerca medica è senz'altro più avanzata di qualche anno fa. E le strutture ospedaliere sono migliori. E tu, stai bene?

VALERIA: Anch'io ho qualche problema di salute in questi giorni: un'influenza fastidiosissima che mi ha dato febbre, mal di testa e mal di gola. Sono andata subito dal dottore, ma mi devo curare ancora per un po'. In questi giorni le cose non potevano andare peggio per me. Prima questa mia indisposizione, poi la notizia di mio fratello!

EMANUELE: Cerca di essere ottimista! Tuo fratello è molto più vecchio di te ma è anche forte come te. Sono sicuro che può vincere la sua malattia.

Seconda parte. Ascolta di nuovo il dialogo. Fai particolare attenzione ai sintomi, le malattie e le cure che Valeria e Emanuele descrivono.

Terza parte. Sentirai due volte sei frasi basate sul dialogo. Segna, per ciascuna frase, **vero** o **falso.**

1. vero   falso

2. vero   falso

3. vero   falso

4. vero   falso

5. vero   falso

6. vero   falso

Ed ora ascoltiamo!

Sentirai tre dialoghi brevi riguardo ai problemi di salute. Puoi ascoltare i dialoghi quante volte vuoi. Dopo ognuno sentirai una domanda. Scegli la risposta giusta.

1. a. la mano   b. la gamba
2. a. l'influenza   b. il raffreddore
3. a. all'ospedale   b. in farmacia

 Dettato

Sentirai un breve dettato tre volte. La prima volta, ascolta attentamente. La seconda volta, scrivi quello che senti. La terza volta, correggi quello che hai scritto. Scrivi sulle righe date. Controlla il tuo dettato con le soluzioni date in fondo al libro.

Il sistema nazionale _____

_____

_____

_____

_____

_____

_____

_____

_____

Sara in Italia

Urbino

Sara è a Urbino, una piccola città delle Marche, regione centrale sulla costa adriatica. Luogo di nascita di Raffaello, Urbino è circondata (*surrounded*) dalle mura originarie (*original walls*) ed è uno dei gioielli (*jewels*) dell'architettura e dell'arte rinascimentale. Sara visita il Palazzo Ducale con un gruppo di turisti e una guida.

Ascolta attentamente il dialogo. Ascolta il dialogo quante volte vuoi. Poi, rispondi alle domande che senti. Sentirai ogni domanda due volte. Ripeti la risposta.

Parole utili: dipinto (*painting*), prospettiva (*perspective*), abitanti (*inhabitants*)

1. ...   2. ...   3. ...   4. ...   5. ...

Sara in rete...

For more information about what Sara experienced during her travels, check out the links found on the *Prego!* website (**www.mhhe.com/prego6**).

CAPITOLO 10

Buon viaggio!

Vocabolario preliminare

A. Per cominciare. Sentirai un dialogo due volte. La prima volta, ascolta attentamente. La seconda volta, il dialogo sarà ripetuto con pause per la ripetizione.

MARIO: Allora, che programmi hai per l'estate?

DANIELE: Ma, a dire il vero non ho ancora deciso. Forse vado al mare in Sicilia... E tu, niente di speciale questa volta?

MARIO: Quest'estate non vado in vacanza. L'anno scorso ho fatto una crociera in Grecia, quest'inverno sono andato a sciare in Francia, e poi ho fatto un viaggio in Olanda.

DANIELE: Ora capisco perché non vai in vacanza! O hai finito i giorni di ferie o i soldi per viaggiare all'estero!

B. Una vacanza per tutti i gusti. Sentirai un brano seguito da quattro domande. Sentirai il brano due volte. La prima volta, ascolta attentamente. La seconda volta, il brano sarà ripetuto con pause per la ripetizione. Poi sentirai le domande due volte e dovrai scegliere la risposta giusta ad ogni domanda.

Finalmente progetti precisi per le nostre vacanze: chi voleva affittare una casa, chi fare una crociera, chi al mare e chi in montagna... La decisione probabilmente soddisfa tutti: andiamo in campagna, in Toscana. Abbiamo trovato un piccolo albergo a due stelle, con una camera singola con bagno per Roberto, una matrimoniale per Alice e Cristiano, ma solo con doccia, e per me una singola con doccia. Io, Alice e Cristiano andiamo sempre in campeggio e usare il bagno comune in albergo per noi non è un problema. Risparmiamo dei soldi e siamo contenti. Non abbiamo neppure dovuto lasciare un anticipo con la carta di credito o mandare un assegno o dei contanti. Speriamo bene! Degli amici comunque mi hanno detto che l'albergo è carino e la zona favolosa per fare escursioni a cavallo...

1. a. in crociera
   b. al mare
   c. in campagna
   d. in montagna
2. a. una casa
   b. camere in un albergo di lusso
   c. camere in un albergo economico
   d. tre stanze in una pensione
3. a. camera singola con doccia
   b. camera singola con bagno
   c. camera matrimoniale con doccia
   d. camera matrimoniale con bagno
4. a. in contanti
   b. con un assegno
   c. con carta di credito
   d. Non c'è stato anticipo.

C. Ha una camera libera?... Shannon è appena arrivata a Roma dove deve prenotare una stanza in un albergo. Cosa le chiederà l'impiegato? Ferma la registrazione e completa il dialogo con le frasi appropriate. Poi sentirai il dialogo due volte. La prima volta, controlla le tue risposte. La seconda volta, il dialogo sarà ripetuto con pause per la ripetizione.

80 euro.

Abbiamo una camera, ma senza aria condizionata.

Certo. Come si chiama?

No.   Per quante persone?

Certo, mi può dare il numero?

Per quante notti?

Una camera singola. Con bagno?

IMPIEGATO: Hotel Rex, buona sera. Desidera?

SHANNON: Ha una camera libera?

IMPIEGATO: _____ 1

SHANNON: Per due notti.

IMPIEGATO: _____ 2

SHANNON: Una.

IMPIEGATO: _____ 3

SHANNON: Con doccia va bene.

IMPIEGATO: _____ 4

SHANNON: Non importa se non c'è l'aria condizionata. Quanto costa?

IMPIEGATO: _____ 5

SHANNON: C'è pensione completa?

IMPIEGATO: _____ 6

SHANNON: Posso prenotare adesso?

IMPIEGATO: _____ 7

SHANNON: Shannon Mangiameli. Posso pagare con la carta di credito?

IMPIEGATO: _____ 8

D. Progetti di vacanze. Sentirai tre coppie che parlano dei loro progetti di vacanze. Sentirai ogni dialogo due volte. La prima volta, ascolta attentamente. La seconda volta, completa la tabella con le informazioni appropriate per ciascuna coppia. Controlla le tue risposte con le soluzioni date in fondo al libro.

Parole utili

le comodità	*comforts*
i boschi	*woods*
sborsare	*to pay out*

	COPPIA 1	COPPIA 2	COPPIA 3
destinazione			
mezzo di trasporto			
alloggio			
pagamento			

In ascolto

Progetti di vacanze. Renata e Enrico hanno preparato un itinerario per una vacanza in Toscana. Ascolta con attenzione la loro conversazione su una parte del viaggio, poi completa le frasi seguenti.

1. A Firenze in questa stagione non è facile _____.

2. A Prato o a Pistoia la sistemazione è meno _____ che a Firenze.

3. A Prato c'è la possibilità di una camera _____, con _____, in una _____.

4. A Marina di Pietrasanta ci sono _____.

5. A Marina di Pietrasanta è possibile fare queste attività: _____.

Grammatica

A. Futuro semplice

A. Per cominciare. Sentirai un brano due volte. La prima volta, ascolta attentamente. La seconda volta, completa il brano con le parole che mancano. Controlla le tue risposte con le soluzioni date in fondo al libro.

Alla fine di giugno _____ [1] per l'Italia con i miei genitori e mia sorella.

_____ [2] l'aereo a New York e _____ [3] a Roma. _____ [4]

una settimana insieme a Roma, poi i miei genitori _____ [5] una macchina e

_____ [6] il viaggio con mia sorella. Io, invece, _____ [7] a Perugia, dove

_____ [8] l'italiano per sette settimane. Alla fine di agosto _____ [9] tutti

insieme negli Stati Uniti.

B. Il matrimonio di Elsa sarà domenica... Tutti i parenti di Elsa arriveranno domenica per il suo matrimonio. Di' chi verrà e cosa farà, secondo i suggerimenti. Ripeti la risposta.

> ESEMPIO: *Leggi:* arrivare per il matrimonio di Elsa
> *Senti:* Stefania
> *Dici:* Domenica Stefania arriverà per il matrimonio di Elsa.

1. portare il regalo per il matrimonio di Elsa
2. fare da testimoni (*to be witnesses*) al matrimonio di Elsa
3. fare le fotografie al matrimonio di Elsa
4. guidare la macchina degli sposi per il matrimonio di Elsa
5. portare i fiori per il matrimonio di Elsa
6. celebrare il matrimonio di Elsa

B. Usi speciali del futuro

A. Per cominciare. La mamma di Sara è preoccupata per sua figlia che viaggia per tutta l'Italia e si fa tante domande su quello che farà o non farà. Sentirai il brano due volte. La prima volta, ascolta attentamente. La seconda volta, completa il brano con i verbi al futuro. Controlla le tue risposte con le soluzioni date in fondo al libro.

La mia povera bambina! _____ [1] a Venezia? _____ [2] freddo? _____ [3]

abbastanza? _____ [4] abbastanza? _____ [5] soldi a sufficienza (*enough money*)?

_____ [6] le cartoline?

B. Domande personali. Di' quando farai le seguenti cose. Rispondi con il verbo al futuro.

> ESEMPIO: *Senti e leggi:* Andrò al cinema se...
> *Dici:* Andrò al cinema se avrò tempo, soldi, eccetera.

1. Studierò quando…
2. Andrò a mangiare appena…
3. Pulirò l'appartamento se…

4. Potrò riposare (*rest*) dopo che…
5. Ti scriverò un'e-mail quando…

C. *Si* impersonale

A. Per cominciare. Sentirai un brano seguito da quattro frasi. Sentirai il brano due volte. La prima volta, ascolta attentamente. La seconda volta il brano sarà ripetuto con pause per la ripetizione. Poi ascolta le frasi e scegli, per ciascuna frase, **vero** o **falso.**

Secondo Alberto, all'università si studia almeno sei ore al giorno e si frequentano tutte le lezioni. Non si esce mai il venerdì o il sabato sera, non si parla mai al telefono, non si usa mai la carta di credito e non si comprano mai vestiti e Cd. Si devono risparmiare i soldi per pagare le tasse. Sei d'accordo?

1. vero   falso   3. vero   falso

2. vero   falso   4. vero   falso

B. Non si fa così. Rebecca fa i capricci (*is acting up*). Dovrai dirle che certe cose si fanno o non si fanno. Usa il **si** impersonale. Ripeti la risposta.

> ESEMPIO: *Senti:* salutare la maestra
> *Dici:* Si saluta la maestra.

1. …   2. …   3. …   4. …   5. …

C. Cosa si è fatto in Italia? Sei appena tornato/tornata da un bel viaggio in Italia. Di' agli amici italiani all'università cosa hai fatto in Italia. Usa il **si** impersonale. Ripeti la risposta.

> ESEMPIO: *Senti:* andare all'università
> *Dici:* Si è andati all'università.

1. …   2. …   3. …   4. …   5. …

D. Formazione dei nomi femminili

A. Per cominciare. Sentirai un dialogo due volte. La prima volta, ascolta attentamente. La seconda volta, completa il dialogo con i nomi femminili che mancano. Controlla le tue risposte con le soluzioni date in fondo al libro.

CLAUDIO: Oggi al ricevimento dai Brambilla c'è un sacco di gente interessante.

MARINA: Ah sì? Chi c'è?

CLAUDIO: Il pittore Berardi con la moglie, _____[1] anche lei; dicono che è più brava del

marito... la _____[2] di storia dell'arte Stoppato, il poeta Salimbeni con la moglie

_____[3] e un paio di scrittori...

MARINA: Che ambiente intellettuale! Ma i Brambilla cosa fanno?

CLAUDIO: Beh, lui è un grosso industriale tessile e lei è un'ex-_____.[4]

B. Dal mondo femminile al mondo maschile... Di' la forma al maschile di ogni nome femminile. Ripeti la risposta.

> ESEMPIO: *Senti:* una regista famosa
> *Dici:* un regista famoso

1. ... 2. ... 3. ... 4. ... 5. ... 6. ... 7. ... 8. ... 9. ... 10. ...

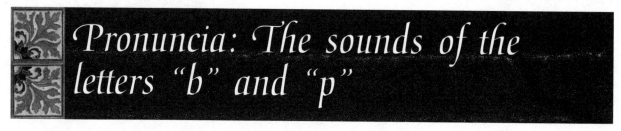

Pronuncia: The sounds of the letters "b" and "p"

A. *B* e doppia *b*. The letter **b** is pronounced as in the English word *boy*. Compare and contrast the single and double sounds of **b** in these pairs of words. Listen and repeat.

1. da basso / abbasso
2. abile / abbaiare
3. laboratorio / labbro
4. debole / ebbene

B. *P*. The sound of the letter **p** in Italian is similar to that in the English word *pen*, though without the aspiration or slight puff of air one hears in English. Listen carefully to these English and Italian words, then repeat the Italian word. Listen and repeat.

1. pizza / pizza
2. page / pagina
3. palate / palato
4. pope / papa
5. pepper / pepe

C. Doppia *p*. Compare and contrast the single and double sound of **p** in these pairs of words. Listen and repeat.

1. papa / pappa
2. capelli / cappelli
3. capi / cappi
4. rapito / rapporto

D. Parliamo italiano! Listen and repeat.

1. Paolo ha i capelli e i baffi bianchi.
2. Ho paura di guidare quando c'è la nebbia.
3. Non capisco perché ti arrabbi sempre.
4. Hai già buttato giù la pasta?
5. Giuseppe, stappa una bottiglia di vino buono!

Dialogo

Prima parte. Alessia e Sandra discutono dei progetti di vacanza di Alessia.

Ascolta attentamente il dialogo.

ALESSIA: Finalmente in vacanza! Adesso, quello che voglio è solo una cosa… Riposarmi, stare al sole, tornare in pensione a mangiare e fare la doccia, tornare di nuovo sulla spiaggia, abbronzarmi…

SANDRA: Non solo una cosa, allora, …hai fatto una lista!

ALESSIA: Va bene, diciamo che la mia priorità sarà di riposarmi al sole. Sono così stanca della pioggia! Questo maggio volevo cambiare casa, andare al Sud. Quando mai si è visto il sole?

SANDRA: Ma come sei difficile, Alessia! A me il tempo fresco non dispiace.

ALESSIA: Tempo fresco, va bene; tempo piovoso, no, grazie.

SANDRA: Secondo le previsioni del tempo, domani sarà parzialmente nuvoloso e potrà anche piovere nel week-end, non è sicuro che ci sarà il sole questa settimana…

ALESSIA: Speriamo di no! Altrimenti, questa volta il mio oroscopo ha proprio ragione. «Ci saranno problemi associati con viaggi e spostamenti, che causeranno insoddisfazioni.»

SANDRA: Ma Alessia! È l'oroscopo di un giornale! Mica ti fiderai?!! E poi è così generale… Questa vacanza non andrà male, non ti preoccupare.

ALESSIA: E chi ti ha detto che sono preoccupata? Se pioverà, pioverà, non c'è molto che posso fare… Almeno ci sono dei buoni ristoranti nella zona? Vuol dire che se pioverà o farà brutto tempo, passerò un po' di tempo al chiuso, a leggere giornali…

SANDRA: Oh sì, a leggere giornali… Oroscopi, vuoi dire, la tua lettura preferita! E poi avrai altre idee come quella di oggi, che le previsioni del tempo sono scritte nel tuo destino!

Seconda parte. Ascolta di nuovo il dialogo. Fai particolare attenzione al tempo previsto e alle attività di Alessia a seconda del tempo.

Terza parte. Sentirai due volte sei frasi basate sul dialogo. Segna, per ciascuna frase, **vero** o **falso**.

1. vero   falso

2. vero   falso

3. vero   falso

4. vero   falso

5. vero   falso

6. vero   falso

Ed ora ascoltiamo!

Sentirai un dialogo tra Tony e Cristina in cui discutono dei soldi da portare in viaggio. Puoi ascoltare il dialogo quante volte vuoi. Poi sentirai, due volte, sei frasi e dovrai segnare, per ciascuna frase, **vero** o **falso.**

1. vero   falso

2. vero   falso

3. vero   falso

4. vero   falso

5. vero   falso

6. vero   falso

Dettato

Sentirai un breve dettato tre volte. La prima volta, ascolta attentamente. La seconda volta, il dettato sarà letto con pause tra le frasi. Scrivi quello che senti. La terza volta, correggi quello che hai scritto. Scrivi sulle righe date. Controlla il tuo dettato con le soluzioni date in fondo al libro.

Due coppie _____

_____

_____

_____

_____

_____

_____

_____

_____

_____

_____

Sara in Italia

Porto Cervo

Sara è a Porto Cervo, sulla Costa Smeralda della Sardegna, ospite dell'avvocato (*lawyer*) Corradini. I signori Corradini hanno qui la seconda casa, mentre durante l'anno abitano in provincia di Firenze. Nei mesi estivi è di moda (*fashionable*) andare in Sardegna e i signori Corradini hanno anche comprato una bella barca per navigare attorno all'isola.

Ascolta attentamente il dialogo. Ascolta il dialogo quante volte vuoi. Poi, rispondi alle domande che senti. Sentirai ogni domanda due volte. Ripeti la risposta.

Parole utili: una gita (*excursion*), al largo (*on the open sea*)

   1. ...   2. ...   3. ...   4. ...   5. ...

Sara in rete...

For more information about what Sara experienced during her travels, check out the links found on the *Prego!* website **(www.mhhe.com/prego6).**

CAPITOLO **11**

Quanto ne vuoi?

Vocabolario preliminare

A. Per cominciare. Sentirai un dialogo due volte. La prima volta, ascolta attentamente. La seconda volta, il dialogo sarà ripetuto con pause per la ripetizione.

SILVANA: Sono andata in centro a fare le spese l'altro giorno. C'erano un sacco di sconti nelle boutique e allora non ho resistito…
GIOVANNA: Cos'hai comprato?
SILVANA: Volevo un paio di scarpe eleganti e comode, come quelle che hai tu.
GIOVANNA: Dove le hai trovate?
SILVANA: In Via Montenapoleone: un vero affare, solo 100 euro.
GIOVANNA: Io invece le ho comprate al mercato: 50 euro!

B. Dove lo comprano? Guarda i disegni e di' dove e da chi queste persone fanno la spesa. Ripeti la risposta.

ESEMPIO: *Senti:* Dove comprano le paste le ragazze?
Dici: Le comprano in una pasticceria, dalla pasticciera.

1.

2.

3.

4.

5.

C. Dove siamo? Sentirai, per due volte, due dialoghi. Ascolta i dialoghi e di' dove hanno luogo (*they take place*).

1. a. Siamo in un negozio di alimentari.   b. Siamo dal panettiere.
2. a. Siamo in una gelateria.   b. Siamo dal fruttivendolo.

In ascolto

Un po' di spesa. Sentirai tre brevi dialoghi. Indica il negozio corrispondente ad ogni dialogo e scrivi le informazioni che mancano: che cosa compra il/la cliente e quanto costa.

	DIALOGO 1	DIALOGO 2	DIALOGO 3
dalla fruttivendola			
dalla lattaia			
dal macellaio			
cosa compra il/la cliente?			
quanto costa?			

 *Grammatica*

A. Usi di *ne*

A. Per cominciare. Sentirai un dialogo seguito da tre domande. Sentirai il dialogo due volte. La prima volta, ascolta attentamente. La seconda volta, il dialogo sarà ripetuto con pause per la ripetizione. Scegli poi le risposte giuste alle domande che senti.

MAMMA: Marta, per favore mi compri il pane?

MARTA: Volentieri! Quanto ne vuoi?

MAMMA: Un chilo. Ah sì, ho bisogno anche di prosciutto cotto.

MARTA: Ne prendo due etti?

MAMMA: Puoi prenderne anche quattro: tu e papà ne mangiate sempre tanto!

MARTA: Hai bisogno d'altro?

MAMMA: No, grazie, per il resto andrò io al supermercato domani.

1. a. Ne deve prendere un chilo. b. Ne deve prendere un chilo e mezzo.
2. a. Ne deve prendere due. b. Ne deve prendere quattro.
3. a. Ne ha bisogno. b. Non ne ha bisogno.

B. Quanti? Il tuo compagno di casa è stato via due settimane e ha tante domande da farti al suo ritorno. Rispondi alle sue domande secondo i suggerimenti. Ripeti la risposta.

> ESEMPIO: *Senti:* Quanti film hai visto?
> *Leggi:* tre
> *Dici:* Ne ho visti tre.

1. due
2. molto
3. poco

4. tanto
5. quattro
6. un po'

C. Domande personali. Rispondi alle seguenti domande. Usa **ne** nella tua risposta.

1. ... 2. ... 3. ... 4. ... 5. ...

B. Usi di *ci*

A. Per cominciare. Sentirai un dialogo due volte. La prima volta, ascolta attentamente. La seconda volta, il dialogo sarà ripetuto con pause per la ripetizione.

PAOLO: Rocco, vieni al cinema con noi domani sera?

ROCCO: No, non ci vengo.

PAOLO: Vieni allo zoo lunedì?

ROCCO: No, non ci vengo.

PAOLO: Vieni in discoteca venerdì sera? Facciamo una festa in onore di Giacomo che ritorna dagli Stati Uniti.

ROCCO: No, non ci vengo.

PAOLO: Ma perché non esci con noi questa settimana? Usciamo sempre insieme.

ROCCO: Vado in vacanza con Maddalena. Andiamo alle Bahamas.

PAOLO: Beh, potevi dirmelo anche prima!

B. Altre domande personali... Rispondi alle domande secondo la tua esperienza personale. Usa **ne** o **ci** nella tua risposta. Poi sentirai due risposte possibili. Ripeti la risposta adatta a te.

1. ... 2. ... 3. ... 4. ... 5. ... 6. ...

C. Pronomi doppi

A. Per cominciare. Sentirai un dialogo due volte. La prima volta, ascolta attentamente. La seconda volta, completa il dialogo con le parole che mancano. Controlla le tue risposte con le soluzioni date in fondo al libro.

COMMESSA: Allora, signora, ha provato la gonna e la camicetta? Come le stanno?

CLIENTE: La gonna è troppo stretta, ma la camicetta va bene. La prendo.

COMMESSA: _____¹ incarto?

CLIENTE: No; _____ _____² può mettere da parte? Ora vado a fare la spesa e poi

passerò a prenderla quando tornerò a casa.

COMMESSA: Va bene, signora, _____³ metto qui, dietro al banco.

B. Di che cosa parliamo? Sentirai, per due volte, sei frasi con pronomi doppi. Dovrai scegliere a quale delle tre frasi scritte si riferisce ogni frase che senti.

ESEMPIO: *Senti:* glielo do
Leggi: a. Do a lui i libri.   b. Do a lei i libri.   c. Do a lui o a lei il libro.
Scegli: c

1. a. Compriamo i giornali per loro.
   b. Compriamo le scarpe per voi.
   c. Compriamo scarpe e calzini per voi.
2. a. Regalo i profumi a lei.
   b. Regalo la penna e la matita a lei.
   c. Regalo la gonna a lei.
3. a. Diamo l'assegno a te.
   b. Diamo la carta di credito a te.
   c. Diamo i soldi a te.
4. a. Faccio la torta per lui.
   b. Faccio i compiti per lui.
   c. Faccio il compito per lei o per lui.
5. a. Presto il libro a voi.
   b. Presto la mappa e la guida turistica a voi.
   c. Presto la mappa, la guida turistica e il libro a voi.
6. a. Parlo a lui.
   b. Parlo a lei.
   c. Parlo a lui di lei.

C. Oggi no. Ti chiedono tutti dei piaceri, ma oggi non hai tempo e gli rispondi di no. Ripeti la risposta.

> ESEMPIO: *Senti:* Puoi comprare il pane ai vicini (*neighbors*)?
> *Dici:* Mi dispiace; oggi non glielo posso comprare.

1. ... 2. ... 3. ... 4. ... 5. ...

D. Imperativo (*tu, noi, voi*)

A. Per cominciare. Sentirai un brano due volte. La prima volta, ascolta attentamente. La seconda volta, completa il brano con i verbi all'imperativo che mancano. Controlla le tue risposte con le soluzioni date in fondo al libro.

Consigli di una giornalista ad un'adolescente in crisi

Soprattutto _____ _____[1] via di casa. _____[2] invece, _____[3] tanti

amici, _____[4] il modo di capire perché a tua madre quest'uomo piace, perché ha avuto

bisogno di lui. Ti troverai meglio.

B. Professore per un giorno... Immagina di fare il professore e da' istruzioni ai tuoi studenti, secondo i suggerimenti. Ripeti la risposta.

> ESEMPIO: *Senti:* fare l'esercizio
> *Dici:* Fate l'esercizio!

1. ... 2. ... 3. ... 4. ... 5. ... 6. ... 7. ... 8. ...

C. Baby-sitter autoritari... Fai la baby-sitter a Marisa e a Stefano. Dovrai dirgli cosa devono fare o non fare. Ripeti la risposta.

> ESEMPIO: *Leggi:* stare zitto
> *Senti:* Marisa e Stefano
> *Dici:* State zitti!

1. avere pazienza
2. andare in cucina
3. non scrivere sul muro
4. pulire il tavolo
5. non mangiare la torta
6. essere buono

D. Ospiti. Hai due ospiti in casa. Quando ti chiedono se possono fare qualcosa, rispondi in modo affermativo. Usa **pure** e i pronomi di oggetto nella tua risposta. Ripeti la risposta.

> ESEMPIO: *Senti:* Possiamo leggere la rivista?
> *Dici:* Sì, leggetela pure!

1. ...   2. ...   3. ...   4. ...   5. ...

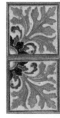 # Pronuncia: The sounds of the letters "f" and "v"

A. F e f doppia. The letter **f** is pronounced as in the English word *fine.* Compare and contrast the single and double sound of **f.** Listen and repeat.

1. da fare / daffare
2. tufo / tuffo
3. befana / beffare
4. difesa / piffero
5. gufo / ciuffo

B. V e doppia v. The letter **v** is pronounced as in the English word *vine.* Compare and contrast the single and double **v** sound in these pairs of words. Listen and repeat.

1. piove / piovve
2. bevi / bevvi
3. evidenza / evviva
4. ovest / ovvio
5. dove / ovvero

C. Parliamo italiano! Listen and repeat.

1. Servo il caffè all'avvocato.
2. È vero che vanno in ufficio alle nove?
3. Pioveva e faceva freddo.
4. L'imperfetto dei verbi irregolari non è difficile.
5. Vittoria aveva davvero fretta.
6. Dove vendono questo profumo?

Dialogo

Prima parte. Silvana e Giovanna sono a Milano, in una via con negozi molto chic.

Ascolta attentamente il dialogo.

SILVANA: Guarda che bella giacca, chissà quanto costa: è di Armani!

GIOVANNA: Beh, quanto costa puoi immaginartelo facilmente, siamo in Via Montenapoleone!

SILVANA: Dai, entriamo lo stesso! Se ci pensi bene, ci sono sempre svendite in questi negozi.

GIOVANNA: Cosa? Non siamo ai grandi magazzini! Fattelo dire dal commesso, subito, quanto costa quel vestito, così non perdi tempo a mettertelo addosso... Vedi, non ci sono nemmeno i prezzi in vetrina, questo è un buon segno.

SILVANA: Macchè! Provare un vestito è sempre meglio che vederlo in vetrina e non costa niente...

(Silvana entra nel negozio).

COMMESSO: Buon giorno, in cosa posso servirLa?

SILVANA: Ha una taglia quarantaquattro di quella giacca blu in vetrina?

COMMESSO: Penso di sì... Un momento, gliela porto subito. Eccola.

(Silvana va nel camerino a provare la giacca).

COMMESSO: Come va?

SILVANA: Credo bene, ha proprio una bella linea. Ma non sono sicura di questo colore...

COMMESSO: Se vuole, gliene porto un'altra di un altro colore, che ne dice del nero o del grigio scuro?

SILVANA: No, mi piaceva il blu, in vetrina, ma adesso che me la sono provata, il colore non va, ma grazie lo stesso... A proposito, quanto costa?

COMMESSO: Sono solo duecento euro. Ce ne sono altre simili, in altri colori...

SILVANA: Non importa, grazie, mi interessava proprio questa. ArrivederLa.

COMMESSO: ArrivederLa.

(Silvana esce dal negozio).

GIOVANNA: Allora, che facevi dentro? Ci sei stata quasi mezz'ora! C'erano sconti?

SILVANA: Ma di che sconti parli? Avevi ragione, gli affari si fanno solo ai grandi magazzini!

Seconda parte. Ascolta di nuovo il dialogo. Fai particolare attenzione a cosa dicono Silvana e Giovanna sugli affari, i prezzi e la giacca che Silvana vuole provare.

Terza parte. Sentirai due volte sei frasi basate sul dialogo. Segna, per ciascuna frase, **vero** o **falso.**

1. vero   falso

2. vero   falso

3. vero   falso

4. vero   falso

5. vero   falso

6. vero   falso

Ed ora ascoltiamo!

Sentirai tre conversazioni ai grandi magazzini. Puoi ascoltare il dialogo quante volte vuoi. Cosa vogliono comprare queste persone? Di che colore? Di che taglia? Inserisci nella tabella le informazioni che senti. Controlla le tue risposte con le soluzioni date in fondo al libro.

	CLIENTE A	CLIENTE B	CLIENTE C
il capo d'abbigliamento			
il colore			
la taglia			

Dettato

Sentirai un breve dettato tre volte. La prima volta, ascolta attentamente. La seconda volta, il dettato sarà letto con pause tra le frasi. Scrivi quello che senti. La terza volta, correggi quello che hai scritto. Scrivi sulle righe date. Controlla il tuo dettato con le soluzioni date in fondo al libro.

Giovanna e Silvana _____

_____

_____

_____

_____

_____

_____

_____

_____

_____

_____

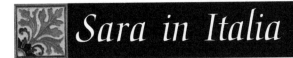

Sara in Italia

Sara è a Milano, capitale economica d'Italia e centro della moda e dell'editoria (*publishing*). Ha visitato il Duomo e il Teatro alla Scala e adesso è nella Galleria Vittorio Emanuele II a prendere un caffè. Deve incontrare il suo amico Matteo, ma Matteo non è ancora arrivato. Lo chiama allora al cellulare.

Ascolta attentamente il dialogo. Ascolta il dialogo quante volte vuoi. Poi, rispondi alle domande che senti. Sentirai ogni domanda due volte. Ripeti la risposta.

1. ...   2. ...   3. ...   4. ...   5. ...

Sara in rete...

For more information about what Sara experienced during her travels, check out the links found on the *Prego!* website (**www.mhhe.com/prego6**).

CAPITOLO **12**

Cercasi casa

Vocabolario preliminare

A. Per cominciare. Sentirai un dialogo due volte. La prima volta, ascolta attentamente. La seconda volta, completa il dialogo con le parole che mancano. Controlla le tue risposte con le soluzioni date in fondo al libro.

ANTONELLA: Ho saputo che vi sposate tra due settimane!

PATRIZIA: Eh sì, è quasi tutto pronto, ma ci manca solo la

_____[1]...

ANTONELLA: La casa!? E dove andate a abitare?

MASSIMO: Dai miei genitori… Non è la migliore soluzione ma, come sai, trovare casa oggi è quasi impossibile: costa troppo!

PATRIZIA: E loro hanno una casa di cinque _____,[2] con

due _____.[3]

ANTONELLA: E le _____[4] da letto?

MASSIMO: Ce ne sono tre: due _____[5] e una

_____,[6] per l'eventuale nipote, come dicono loro…

B. La casa e l'affitto… Sentirai, per due volte, un dialogo tra Carmela e Pina, seguito da tre frasi. La prima volta, ascolta attentamente. La seconda volta, il dialogo sarà ripetuto con pause per la ripetizione. Poi sentirai le tre frasi due volte e dovrai segnare **vero** o **falso**.

CARMELA: Allora, hai trovato casa?
PINA: Sì, l'ho trovata, ma adesso devo trovare un secondo lavoro per pagare l'affitto!
CARMELA: E meno male che non abitiamo in una città come New York! Ho appena parlato con il mio amico Marco, che si è appena trasferito a New York, e che mi ha detto che gli affitti lì sono tre volte quelli di Milano, per un appartamento di due stanze!
PINA: Ma sono sicura che anche lo stipendio di questo tuo amico sarà adeguato al costo degli appartamenti!

1. vero   falso

2. vero   falso

3. vero   falso

C. Parliamo della casa. Guarda il disegno, poi scrivi le risposte alle domande che senti. Controlla le tue risposte con le soluzioni date in fondo al libro.

ESEMPIO: *Senti:*   Dove lascia la bici Sara? Al pianterreno o al primo piano?
             Scrivi: al pianterreno

1. _____   4. _____

2. _____   5. _____

3. _____

D. Arrediamo la nuova casa. Sentirai sei frasi e dovrai indovinare a quale oggetto si riferisce ogni frase. Ripeti la risposta.

ESEMPIO: *Senti:*   Mettiamolo nel bagno.
             Dici: lo specchio

1. ...   2. ...   3. ...   4. ...   5. ...   6. ...

In ascolto

La prima casa. Carla cerca un appartamento per lei e per un'altra studentessa. Risponde per telefono a un annuncio (*ad*) sul giornale. Ascolta con attenzione la sua conversazione con il padrone e decidi se le seguenti affermazioni sono vere o false. Poi, correggi le affermazioni false.

1. L'appartamento è già affittato.   vero   falso

   _____

2. Ci sono tre stanze più bagno e cucina.   vero   falso

   _____

3. L'appartamento si trova al terzo piano.   vero   falso

   _____

4. Non c'è un balcone.   vero   falso

   _____

5. Il trasloco non è un problema perché c'è l'ascensore.   vero   falso

   _____

6. Carla e il padrone hanno appuntamento domani al numero 6, alle due   vero   falso
   del pomeriggio.

   _____

Grammatica

A. Aggettivi indefiniti

A. Per cominciare. Sentirai un dialogo due volte. La prima volta, ascolta attentamente. La seconda volta, completa il dialogo con le parole che mancano. Controlla le tue risposte con le soluzioni date in fondo al libro.

PAOLA: Ciao, Claudia! Ho sentito che hai cambiato casa. Dove

abiti adesso?

CLAUDIA: Prima vivevo in un appartamentino in centro, ma c'era

troppo traffico e troppo rumore; così sono andata a

vivere in campagna. Ho trovato una casetta che è un

amore... È _____[1] in pietra, ha un orto enorme

e _____[2] albero da frutta.

PAOLA: Sono contenta per te! Sai cosa ti dico? _____[3] persone nascono fortunate!

B. Conformisti. Guarda i disegni e di' cosa fanno tutti i soggetti rappresentati. Segui i suggerimenti e usa **tutti** o **tutte** nelle tue risposte. Ripeti la risposta.

> ESEMPIO: *Senti:* ragazzi
> *Leggi:* correre
> *Dici:* Tutti i ragazzi corrono.

correre

1. dormire

2. cucinare

3. cambiare casa

4. sistemare i mobili

C. Agenzia immobiliare (*Real Estate Agency*) **Piagenti.** Sentirai la pubblicità per l'agenzia immobiliare Piagenti due volte. La prima volta, ascolta attentamente. La seconda volta, prendi appunti su quello che hai sentito. Poi ferma la registrazione e completa le frasi con gli aggettivi indefiniti appropriati. Controlla le tue risposte con le soluzioni date in fondo al libro.

Aggettivi indefiniti: alcune, ogni, qualunque, tutte (*2 volte*)

1. Non vi offriamo una casa _____.

2. Vi offriamo una casa particolare con _____ precise caratteristiche.

3. _____ le stanze hanno l'aria condizionata.

4. _____ gli appartamenti hanno due bagni.

5. L'agenzia è aperta _____ giorno dalle 9 alle 17.

B. Pronomi indefiniti

A. Per cominciare. Sentirai una frase due volte. La prima volta, ascolta attentamente. La seconda volta, la frase sarà ripetuta con pause per la ripetizione.

Lassù[a] in cielo, qualcuno deve aver lasciato aperto il frigorifero…

[a]*Up there*

B. Che cos'è? Un tuo compagno di classe non ha studiato per l'esame d'italiano e ti chiede il significato di tutti i vocaboli. Rispondi e usa **qualcuno** o **qualcosa** insieme alle informazioni date. Ripeti la risposta.

> ESEMPIO: *Senti:* E il lattaio?
> *Leggi:* vende il latte
> *Dici:* È qualcuno che vende il latte.

1. mangiamo a colazione
2. si mangia
3. vende la frutta
4. lavora in un negozio
5. si beve
6. fa il pane

C. Problemi di casa. Sentirai cinque brevi scambi sui problemi di casa di Giulia, Marta e Cinzia, seguiti da domande. Rispondi ad ogni domanda con i pronomi indefiniti appropriati. Ripeti la risposta.

1. … 2. … 3. … 4. … 5. …

C. Negativi

A. Per cominciare. Sentirai un dialogo due volte. La prima volta, ascolta attentamente. La seconda volta, il dialogo sarà ripetuto con pause per la ripetizione.

MARITO: Sento un rumore in cantina: ci sarà qualcuno, cara…

MOGLIE: Ma no, non c'è nessuno: saranno i topi!

MARITO: Ma che dici? Non abbiamo mai avuto topi in questa casa. Vado a vedere.

(Alcuni minuti dopo.)

MOGLIE: Ebbene?

MARITO: Ho guardato dappertutto ma non ho visto niente di strano.

MOGLIE: Meno male!

B. Arrivano le ragazze! Franco è contento di conoscere le tue amiche italiane che arrivano oggi. Rispondi alle sue domande negativamente. Ripeti la risposta.

> ESEMPIO: *Senti:* Sono già arrivate?
> *Dici:* No, non sono ancora arrivate.

1. ... 2. ... 3. ... 4. ... 5. ...

C. Che dire? Sentirai cinque frasi due volte. Scegli, fra le seguenti coppie di frasi, quella che si collega meglio alla frase che hai sentito.

1. a. Non mi piacciono le due donne.
   b. Preferisco una delle due.
2. a. Devo ancora leggere alcune pagine del libro.
   b. È stato un bel libro.
3. a. Voglio divertirmi da solo stasera.
   b. Ho organizzato una bella cena per tutti stasera.
4. a. Ho ricevuto solo una lettera per posta.
   b. La posta non è venuta oggi.
5. a. Mi sono completamente rilassato ieri sera.
   b. Ho avuto una serata molto impegnata (*busy*).

D. Imperativo (*Lei, Loro*)

A. Per cominciare. Sentirai un dialogo due volte. La prima volta, ascolta attentamente. La seconda volta, completa il dialogo con i verbi all'imperativo che mancano. Controlla le tue risposte con le soluzioni date in fondo al libro.

> SEGRETARIA: Dottoressa, il signor Biondi ha bisogno urgente di
>
> parlarLe: ha già telefonato tre volte.

> DOTTORESSA MANCINI: Che seccatore (*nuisance*)! Gli _____[1] Lei,
>
> signorina, e gli _____[2] che sono già partita per Chicago.

> SEGRETARIA: Pronto!... Signor Biondi?... Mi dispiace, la dottoressa è partita per un congresso
>
> a Chicago... Come dice?... L'indirizzo? Veramente, non glielo so dire:
>
> _____[3] pazienza e _____[4] tra dieci giorni!

B. Prego! Di' al tuo professore di fare le seguenti cose, se vuole. Ripeti la risposta.

> ESEMPIO: *Senti:* entrare
> *Dici:* Se vuole entrare, entri!

1. ... 2. ... 3. ... 4. ... 5. ...

C. Professori. Di' a due tuoi professori di non fare le seguenti cose se non possono. Ripeti la risposta.

> ESEMPIO: *Senti:* pagare
> *Dici:* Se non possono pagare, non paghino!

1. ... 2. ... 3. ... 4. ... 5. ...

Pronuncia: The sounds of the letter "t"

The Italian sound [t] is similar to the *t* in the English word *top*, though it lacks the aspiration (the slight puff of air) that characterizes the English *t* at the beginning of a word. To pronounce **t** in Italian, place the tip of the tongue against the back of the upper teeth, but a bit lower than for the similar sound in English.

A. *T.* Compare and contrast the sounds of the English *t* and the Italian **t**. Listen to the English words, then repeat the Italian ones. Listen and repeat.

1. tempo / tempo
2. type / tipo
3. tremble / tremare
4. metro / metro
5. mute / muto

B. *T* e doppia *t*. Compare and contrast the single and double sounds of **t**. Listen and repeat.

1. tuta / tutta
2. fato / fatto
3. mete / mette
4. riti / ritti
5. moto / motto

C. Parliamo italiano! Listen and repeat.

1. Avete fatto tutto in venti minuti. Ottimo!
2. Mettete il latte nel tè?
3. Quanti tavolini all'aperto!
4. Il treno delle quattro e un quarto è partito in ritardo.
5. I salatini sono sul tavolino del salotto.

Dialogo

Prima parte. Carla incontra il signor Pini, il proprietario dell'appartamento che lei vuole vedere.

Ascolta attentamente il dialogo.

SIGNOR PINI: Buon giorno, signora Rossi, è pronta per vedere l'appartamento?

CARLA: Buon giorno, signor Pini. Certo che sono pronta. Se corrisponde alla Sua descrizione, credo che non avrò problemi ad affittare il Suo appartamento.

SIGNOR PINI: È un bell'appartamento e in una zona centrale, e Lei sa come è difficile trovare un appartamento al prezzo che voglio io…

CARLA: A dire il vero, ero rimasta sorpresa dall'annuncio: un appartamento disponibile adesso e a quel prezzo mi è sembrato incredibile…

SIGNOR PINI: Se ne sono interessate molte persone, ma sono io che non ho trovato il candidato… o candidata ideale.

CARLA: Ci sono due camere da letto, vero?

SIGNOR PINI: Sì. È un appartamento con due camere da letto, una camera grande e una cameretta, che può essere lo studio… poi, come Le avevo già detto, c'è un soggiorno piuttosto grande, un bagno completo di doccia e la cucina.

CARLA: Eccoci arrivati! L'appartamento è al terzo piano, ci sono un po' di scale da fare… Peccato che non c'è l'ascensore!

SIGNOR PINI: Come vede, non è un palazzo moderno. Ma via, signorina, le scale non sono così tante... E il trasloco, sa, non è un problema, le scale e le finestre sono molto larghe.

CARLA: Vedo, vedo, le scale sono molto belle, un bel marmo!

SIGNOR PINI: Sono sicuro che il problema non sarà l'appartamento, sarà l'affitto...

CARLA: Come Le ho già detto, l'affitto non è un problema.

SIGNOR PINI: Benissimo, allora. Entriamo. Ora Le mostro l'appartamento...

Seconda parte. Ascolta di nuovo il dialogo. Fai particolare attenzione a cosa dicono Carla e il signor Pini sull'affitto, l'appartamento e il palazzo.

Terza parte. Sentirai, due volte sei frasi basate sul dialogo. Segna, per ciascuna frase, **vero** o **falso**.

1. vero   falso

2. vero   falso

3. vero   falso

4. vero   falso

5. vero   falso

6. vero   falso

 # Ed ora ascoltiamo!

Luigi è veramente felice: ha trovato un appartamento ideale per lui. Sentirai una descrizione del suo appartamento. Ascolta il brano quante volte vuoi. Guarda la piantina (*floor plan*) e scrivi in ogni stanza il suo nome, secondo la descrizione. Controlla le tue risposte con le soluzioni date in fondo al libro.

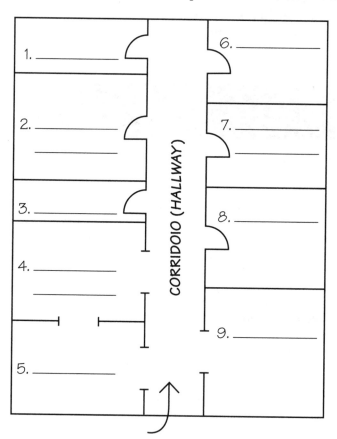

Dettato

Sentirai un breve dettato tre volte. La prima volta, ascolta attentamente. La seconda volta, il dettato sarà letto con pause tra le frasi. Scrivi quello che senti. La terza volta, correggi quello che hai scritto. Scrivi sulle righe date. Controlla il tuo dettato con le soluzioni date in fondo al libro.

Simonetta e Lucia _____

_____

_____

_____

_____

_____

_____

Sara in Italia

Con il tempo che diventa sempre più bello, Sara decide di tornare al Sud. Oggi si trova in Puglia, a Taranto, dopo aver visitato Bari e Lecce. Parla con Elena Condoleo, una signora del posto. La signora Condoleo è tornata in Puglia, la sua regione d'origine, dopo aver vissuto tanti anni a Torino.

Ascolta attentamente il dialogo. Ascolta il dialogo quante volte vuoi. Poi, rispondi alle domande che senti. Sentirai ogni domanda due volte. Ripeti la risposta.

Parole utili: fabbrica (*factory*), ci siamo trasferiti (*we moved*), albanesi (*Albanians*), rotondo (*round*), con tetti a cono (*cone-shaped roofs*)

1. ...   2. ...   3. ...   4. ...   5. ...

Sara in rete...

For more information about what Sara experienced during her travels, check out the links found on the *Prego!* website (**www.mhhe.com/prego6**).

CAPITOLO 13

È finita la benzina!

 ## Vocabolario preliminare

A. Per cominciare. Sentirai un dialogo tra due extraterrestri, Saturnino e Mercurio. Sentirai il dialogo due volte. La prima volta, ascolta attentamente. La seconda volta, il dialogo sarà ripetuto con pause per la ripetizione. Poi ferma la registrazione e scegli la risposta giusta. Controlla le tue risposte con le soluzioni date in fondo al libro.

SATURNINO: Deve essere il nuovo look dei terrestri del 2010.
MERCURIO: Forse dovremmo andare in vacanza da un'altra parte. Sulla Terra non si respira più come una volta.

1. Chi ha un nuovo look?
   a. gli extraterrestri   b. i terrestri
2. Perché Saturnino e Mercurio pensano che dovrebbero andare in vacanza in un altro posto?
   a. Perché l'aria (*air*) è inquinata.   b. Perché vogliono cercare un nuovo look.

B. Il traffico e l'ambiente. Sentirai, per due volte, sei definizioni riguardo al traffico e cinque definizioni riguardo all'ambiente e dovrai identificare i termini a cui si riferiscono. Scrivi le risposte nella colonna giusta. Controlla le tue risposte con le soluzioni date in fondo al libro.

l'effetto serra,
la fascia d'ozono, le gomme,
l'inquinamento, i mezzi di
trasporto, la patente, il pieno di
benzina, il riciclaggio, i rifiuti,
la targa, il vigile

IL TRAFFICO	L'AMBIENTE

IL TRAFFICO

1. _____

2. _____

3. _____

4. _____

5. _____

6. _____

L'AMBIENTE

1. _____

2. _____

3. _____

4. _____

5. _____

In ascolto

Un altro punto di vista. Saturnino e Mercurio, due extraterrestri arrivata sulla Terra in un disco volante (*flying saucer*), osservano dei ragazzi in un centro di riciclaggio. Ascolta con attenzione la loro conversazione, poi completa le frasi seguenti.

1. Il ragazzo biondo _____.
   a. depura l'acqua
   b. ricicla delle bottiglie
   c. scarica rifiuti

2. Secondo Mercurio, molta gente non ricicla _____.
   a. i recipienti di plastica
   b. i sacchetti di carta
   c. l'alluminio

3. I due ragazzi _____ mucchi (*piles*) di giornali.
   a. leggono
   b. proteggono
   c. riciclano

4. La macchina dei ragazzi _____ l'aria perché emette troppo gas dal tubo di scappamento (*exhaust pipe*).
   a. depura
   b. purifica
   c. inquina

5. Saturnino e Mercurio gli _____.
   a. offriranno un passaggio
   b. daranno una mano
   c. chiederanno un passaggio

Grammatica

A. Condizionale presente

A. Per cominciare. Sentirai un dialogo due volte. La prima volta, ascolta attentamente. La seconda volta, completa il dialogo con le parole che mancano. Controlla le tue risposte con le soluzioni date in fondo al libro.

SANDRO: Pronto, Paola? Senti, oggi sono senza macchina. È dal meccanico per

un controllo. Mi _____¹ un passaggio per andare in ufficio?

PAOLA: Ma certo! A che ora devo venire a prenderti? Va bene alle otto e

un quarto?

SANDRO: Non _____² possibile un po' prima: diciamo, alle otto? Mi

_____³ un vero piacere! Devo essere al lavoro alle otto e

mezzo.

PAOLA: Va bene, ci vediamo giù al portone alle otto.

B. Qualcosa da bere? Quando Paola ti offre da bere, rispondi per te e per i tuoi amici che preferireste la bibita suggerita. Ripeti la risposta.

ESEMPIO: *Senti:* Vuoi una birra?
Leggi: un'aranciata
Dici: No, grazie, preferirei un'aranciata.

1.   una cioccolata
2.   una Coca-Cola
3.   una limonata

4.   un'acqua naturale
5.   un tè freddo

C. Con un milione di dollari... Cosa farebbero le seguenti persone con un milione di dollari? Rispondi secondo i suggerimenti. Ripeti la risposta.

ESEMPIO: *Senti:* i signori Colombi
Leggi: fare il giro del mondo
Dici: Farebbero il giro del mondo.

1.   comprare uno yacht
2.   aiutare i poveri
3.   andare a vivere alle Hawaii
4.   scrivere il tuo romanzo
5.   dare i soldi ai sieropositivi (*people who are HIV-positive*)

D. Cosa faresti? Rispondi alle seguenti domande personali.

1. ...   2. ...   3. ...   4. ...

B. Dovere, potere e volere al condizionale

A. Per cominciare. Sentirai un dialogo due volte. La prima volta, ascolta attentamente. La seconda volta, il dialogo sarà ripetuto con pause per la ripetizione. Poi ferma la registrazione e completa le frasi, secondo il dialogo. Controlla le tue risposte con le soluzioni date in fondo al libro.

Espressioni utili:

essere esaurito	*to be exhausted*
farti dare	*to have (someone) give you*

TOMMASO: Vorrei andare in vacanza, sono già esaurito dopo una settimana di scuola!

STEFANIA: Guarda che lo potresti fare: basta chiamare il medico e farti dare qualche giorno di riposo per stress!

TOMMASO: Eh sì, sarebbe bello, ma poi dovrei studiare di più per recuperare il tempo perduto!

1. Tommaso _____ in vacanza.

2. Stefania gli dice che _____.

3. Tommaso risponde che forse è meglio di no, perché dopo _____

_____.

B. Consigli. Daniele ti racconta delle cattive abitudini di tutti. Rispondi che dovrebbero fare o non fare le seguenti cose. Ripeti la risposta.

> ESEMPIO: *Senti:* Bianca beve troppo.
> *Dici:* Non dovrebbe bere troppo.

1. ... 2. ... 3. ... 4. ... 5. ... 6. ...

C. L'esperto di trasporti. Sai tutto riguardo ai viaggi in macchina. Quando i tuoi amici ti raccontano i loro problemi, proponi delle soluzioni, secondo i suggerimenti. Ripeti la risposta.

> ESEMPIO: *Senti:* Sono quasi rimasta senza benzina.
> *Leggi:* fare il pieno più spesso
> *Dici:* Potresti fare il pieno più spesso!

1. chiedere un passaggio a Laura
2. rispettare i segnali
3. portarla dal meccanico
4. controllare l'olio
5. andare in bici

C. Condizionale passato

A. Per cominciare. Sentirai un dialogo due volte. La prima volta, ascolta attentamente. La seconda volta, completa il dialogo con le parole che mancano. Controlla le tue risposte con le soluzioni date in fondo al libro.

IL CARABINIERE: Signore, Lei sa che faceva 90 chilometri all'ora? Il

limite è 50 in questa zona.

IL SIGNORE: Sì, lo so. Chiedo scusa. Ho fretta perché mia

moglie sta per partorire. _____

_____ ¹ essere in ospedale mezz'ora fa,

ma ho incontrato un ingorgo (*traffic jam*) enorme e

sono stato fermo per venti minuti.

IL CARABINIERE: Lei sa che ha una freccia che non funziona?

IL SIGNORE: Sì, lo so. È colpa mia. _____

_____ ² portare la macchina dal meccanico ieri, ma mio figlio si è rotto il

braccio e l'ho dovuto portare all'ospedale.

IL CARABINIERE: Com'è che non ha la targa?

IL SIGNORE: Ho comprato la macchina la settimana scorsa. _____ _____ ³ la targa

subito, ma il mio cane è stato male e ho dovuto curarlo.

IL CARABINIERE: Beh, dovrei farLe la multa, ma visto che ha avuto tante tragedie in questi giorni,

lascio perdere. Buona giornata! L'accompagno all'ospedale da Sua moglie.

B. Del senno di poi (*With hindsight*)**...** Di' cosa avrebbero dovuto fare prima le seguenti persone, secondo i suggerimenti. Ripeti la risposta.

> ESEMPIO: *Senti:* Laura è arrivata in ritardo.
> *Leggi:* alzarsi
> *Dici:* Laura avrebbe dovuto alzarsi prima.

1. prenotare
2. arrivare
3. mangiare

4. prendere
5. tornare
6. decidere

C. Tutti al mare! Tutti avevano programmato di studiare questo week-end... prima di sapere della festa al mare di Maurizio. Di' cosa hanno detto tutti, secondo i suggerimenti. Ripeti la risposta.

> ESEMPIO: *Senti:* Maria
> *Dici:* Ha detto che avrebbe studiato.

1. ... 2. ... 3. ... 4. ... 5. ... 6. ...

D. Pronomi possessivi

A. Per cominciare. Sentirai un dialogo due volte. La prima volta, ascolta attentamente. La seconda volta, il dialogo sarà ripetuto con pause per la ripetizione.

DANIELE: La mia macchina è una Ferrari; è velocissima. Com'è la tua?
ANTONIO: La mia è un po' vecchia, ma funziona.
DANIELE: La mia bici è una Bianchi. Che marca è la tua?
ANTONIO: Ma, non lo so. È una bici qualsiasi.
DANIELE: I miei vestiti sono tutti Armani. Che vestiti compri tu?
ANTONIO: I miei non sono di marche famose. Di solito li compro al mercato.
DANIELE: Mi piacciono solamente le cose di qualità.
ANTONIO: Io ho i gusti semplici e non ho tanti soldi da spendere.

B. Una macchina economica... Sentirai un dialogo tra Aldo e Carlo due volte. La prima volta, ascolta attentamente. La seconda volta, completa il dialogo con le parole che mancano. Controlla le tue risposte con le soluzioni date in fondo al libro.

ALDO: La _____ [1] macchina è una Ferrari, è velocissima, com'è la _____ [2]?

CARLO: La _____ [3] è un po' vecchia e funziona male. Ma come ti puoi permettere una Ferrari? Consuma tanta benzina!

ALDO: La prendo solo per le grandi occasioni, altrimenti uso la macchina di _____ [4] moglie.

CARLO: E cos'è la _____ [5]?

ALDO: La sua è una Fiat del 2000, viaggia bene e risparmia più della _____... [6]

CARLO: Eh, ci credo!

C. Curiosità. Sei ad una festa dove non conosci nessuno. Dovrai cercare di fare due chiacchiere, su qualsiasi argomento (*topic*), secondo i suggerimenti. Ripeti la risposta.

ESEMPIO: *Leggi:* La mia macchina è targata Roma (*has Rome license plates*).
Senti: Lei
Dici: La mia è targata Roma, e la Sua?

1. Il mio lavoro è interessante.
2. Nostro zio abita con noi.
3. Le mie nonne abitano a Roma.
4. La mia lavatrice non funziona.
5. I miei figli vanno a scuola.
6. Nostra sorella è sposata.

Pronuncia: The sounds of the letter "d"

In Italian, the letter **d** is pronounced like the *d* in the English word *tide*. Unlike the English *d*, however, the Italian **d** is always clearly articulated, regardless of position.

A. D. Listen carefully to these English and Italian words, then repeat the Italian words. Listen and repeat.

1. ditto / dito
2. day / dei
3. grandma / grande
4. modern / moderno
5. wedding / vedi

B. D e doppia d. Compare and contrast the single and double sound of **d.** Listen and repeat.

1. Ada / Adda
2. cade / cadde
3. fede / Edda
4. cadi / caddi
5. idea / Iddio

C. Parliamo italiano! Listen and repeat.

1. Avete deciso dove andare questa domenica?
2. Fa freddo in dicembre?
3. Dammi i soldi che ti ho dato!
4. Non devi dare del tu a tutti.
5. Dieci più dodici fa ventidue.
6. Non so cosa dovrei dire al dottore.

Dialogo

Prima parte. Una vigile ferma un'automobilista che ha fretta e parla con lei.

Parole utili: libretto di circolazione (*registration*), assicurazione (*insurance certificate*), una freccia (*turn signal*)

Ascolta attentamente il dialogo.

VIGILE: Patente, prego, e libretto di circolazione…

AUTOMOBILISTA: Ecco tutto qui, assicurazione compresa.

VIGILE: 70 chilometri all'ora in una zona urbana con 40 di limite non sono troppi?

AUTOMOBILISTA: Lo so, lo so, Lei ha ragione! Ma devo andare da mio figlio a scuola, è caduto, per questo vado in fretta…

VIGILE: Capisco la situazione, ma il limite parla chiaro! E poi, sa che ha anche una freccia che non funziona?

AUTOMOBILISTA: Sì, lo so, mio marito avrebbe dovuto portare la macchina a riparare dal meccanico ieri, ma mia figlia si è fatta male mentre giocava a pallacanestro e abbiamo dovuto portarla all'ospedale. Non c'è stato tempo per la macchina… Lei che farebbe in una situazione così?

VIGILE: Non so dirLe. Non deve chiedere a me… Com'è che non ha la targa? La targa non dovrebbe dipendere da nessun problema familiare, se non mi sbaglio!

AUTOMOBILISTA: Veramente, sì… Ho comprato la macchina solo tre giorni fa e avrei anche fatto subito la targa, ma mio marito si è arrabbiato terribilmente perché l'ho pagata tutta subito; dice che avrei dovuto pagarla a rate!… Non ho avuto tempo di andare a fare registrare la macchina e prendere la targa nuova!

VIGILE: Signora, mi dispiace, ma tra la velocità e la freccia deve pagare 183,25 euro! Riguardo alla targa, mi dispiace; ma Le dobbiamo portar via la macchina*!

Seconda parte. Ascolta di nuovo il dialogo. Fai particolare attenzione alle giustificazioni date dalla signora alla vigile.

Terza parte. Sentirai due volte sei frasi basate sul dialogo. Segna, per ciascuna frase, **vero** o **falso.**

1. vero   falso   3. vero   falso   5. vero   falso

2. vero   falso   4. vero   falso   6. vero   falso

_____
*According to Italian law, cars without license plates are impounded by the police.

Ed ora ascoltiamo!

Sentirai tre dialoghi seguiti da due domande. Puoi ascoltare ogni dialogo quante volte vuoi. Poi dovrai scegliere la risposta giusta a ciascuna domanda.

Dialogo 1
1. a. alle sette   b. alle otto
2. a. la mattina   b. il pomeriggio

Dialogo 2
1. a. Massimo è andato al cinema.
    b. Massimo è uscito con la sua fidanzata.
2. a. Patrizia non è andata a sedere (*sit*) in prima fila.
    b. Patrizia avrebbe voluto sedere in prima fila.

Dialogo 3
1. a. I biglietti saranno in vendita tra un mese.
    b. I biglietti avrebbero dovuto essere comprati già da un po' di tempo.
2. a. I biglietti si potrebbero avere pagando (*paying*) di più.
    b. I biglietti non sono più sul mercato.

Dettato

Sentirai un breve dettato tre volte. La prima volta, ascolta attentamente. La seconda volta, il dettato sarà letto con pause tra frasi. Scrivi quello che senti. La terza volta, correggi quello che hai scritto. Scrivi sulle righe date. Controlla il tuo dettato con le soluzioni date in fondo al libro.

Enrico e Paola _____

_____

_____

_____

_____

_____

_____

_____

_____

_____

Sara in Italia

Sara è in Abruzzo, ospite dei signori Trubiano, che hanno una piccola pensione a Pescasseroli, al centro del Parco Nazionale. Sara ha già visitato Pescara, sulla costa, e l'Aquila ed è già passata in autostrada sui monti del Gran Sasso. Adesso vuole fare delle belle passeggiate nel Parco e parla con la signora Trubiano delle cose da fare e da vedere.

Ascolta attentamente il dialogo. Ascolta il dialogo quante volte vuoi. Poi, rispondi alle domande che senti. Sentirai ogni domanda due volte. Ripeti la risposta.

Parole utili: avrò nostalgia di (*I will miss*), a cavallo (*horseback riding*), binocolo (*binoculars*), sarebbe servito (*would be useful*)

    1. ...   2. ...   3. ...   4. ...   5. ...

Sara in rete...

For more information about what Sara experienced during her travels, check out the links found on the *Prego!* website **(www.mhhe.com/prego6).**

CAPITOLO **14**

La musica e il palcoscenico

 Vocabolario preliminare

A. Per cominciare. Sentirai un dialogo due volte. La prima volta, ascolta attentamente. La seconda volta, completa il dialogo con le parole che mancano. Controlla le tue risposte con le soluzioni date in fondo al libro.

SIGNOR CECCHI: Con chi esci stasera?

CATERINA: Con Enrico. È un _____[1] di professione. Vedrai, ti

piacerà.

SIGNOR CECCHI: Non vedo l'ora di incontrarlo! Lo potrei invitare a venire all'_____[2] con me...

CATERINA: Beh, papà, Enrico non è un tipo da vestirsi bene per andare ai _____[3] o

all'opera...

SIGNOR CECCHI: E perché no?

CATERINA: A lui piacciono il _____[4] e la musica alternativa. Non so se gli piace l'opera...

SIGNOR CECCHI: Ah sì? Suona il _____[5]? Ha i capelli lunghi?

CATERINA: Ma sì. Lo conosci per caso?

SIGNOR CECCHI: No. Ma te l'ho chiesto perché, a dire il vero, ero così anch'io da giovane! Ma

l'_____[6] comunque mi piaceva!

B. Indovinelli. Sentirai, per due volte, otto indovinelli. Indovina la parola dello spettacolo alla quale (*to which*) ogni frase si riferisce. Scrivi il numero corrispondente alla parola e di' la risposta. Ripeti la risposta.

ESEMPIO: *Senti:* È la voce femminile più alta.
Segna: 1
Dici: il soprano

_____ l'autore, l'autrice
_____ il basso   _____ il coro
_____ il musical
_____ il regista, la regista   _____ l'opera
_____ il direttore   _____ la prima
_1_ il soprano, la soprano

C. Musica e teatro. Guarda i disegni e rispondi alle domande che senti. Ripeti la risposta.

ESEMPIO:

Senti: Nina e Franco guardano una commedia o una tragedia?
Dici: Guardano una tragedia.

1.

2.

3.

4.

5.

D. Domande personali. Rispondi alle seguenti domande personali. Scrivi sulle righe date.

1. _____
   _____

2. _____
   _____

3. _____
   _____

4. _____
   _____

5. _____
   _____

In ascolto

Che bella voce! Francesca e Luca parlano di una diva del mondo lirico. Ascolta con attenzione la loro conversazione e decidi se le seguenti affermazioni sono vere o false. Poi, correggi le affermazioni false.

1. La diva di cui (*of whom*) parlano è un soprano. vero falso

   _____

2. La diva canta bene le arie romantiche e interpreta bene Verdi. vero falso

   _____

3. Luca ha la fortuna di ascoltarla nelle opere di Puccini. vero falso

   _____

4. Francesca l'ha vista in un'opera all'Opera di Roma. vero falso

   _____

5. Questa diva ha un grande successo anche negli Stati Uniti. vero falso

   _____

Grammatica

A. Pronomi relativi

A. Per cominciare. Sentirai un dialogo due volte. La prima volta, ascolta attentamente. La seconda volta, il dialogo sarà ripetuto con pause per la ripetizione.

ANTONIO: Conosci quel ragazzo?

BRUNO: No, non lo conosco. È il ragazzo con cui è uscita ieri Roberta?

ANTONIO: No.

BRUNO: È il ragazzo di cui è innamorata Gianna?

ANTONIO: No.

BRUNO: Allora, chi è?

ANTONIO: Tu, ovviamente, non ti intendi di musica pop. Lui è il cantautore Alex Britti di cui tutti parlano e che è conosciuto in tutto il mondo.

BRUNO: Oh! Allora, andiamo a parlargli!

B. Benvenuta! È appena arrivata alla stazione una tua amica. Indica le varie cose della tua città che vedete mentre l'accompagni a casa. Segui i suggerimenti. Ripeti la risposta.

> ESEMPIO: *Senti:* Vado in quella palestra.
> *Dici:* Quella è la palestra in cui vado.

1. ...   2. ...   3. ...   4. ...   5. ...

C. Festival. Parla del festival estivo dello spettacolo, secondo i suggerimenti. Usa **che** per legare le due frasi. Ripeti la risposta.

> ESEMPIO: *Leggi:* Il musicista suona stasera.
> *Senti:* È famoso.
> *Dici:* Il musicista che suona stasera è famoso.

1. La canzone ha vinto il festival.
2. Il tenore canta l'opera.
3. La regista ha messo in scena la commedia.
4. Il soprano canta in tedesco.
5. L'attore recita nell'*Amleto*.

D. Non lo capisco! Simone è un tipo difficile da capire! Di' che non capisci tante cose riguardo a lui, secondo i suggerimenti. Ripeti la risposta.

> ESEMPIO: *Senti:* dire
> *Dici:* Non capisco quello che dice.

1. ...   2. ...   3. ...   4. ...

B. Chi

A. Per cominciare. Sentirai un dialogo due volte. La prima volta, ascolta attentamente. La seconda volta, il dialogo sarà ripetuto con pause per la ripetizione della parte della nonna.

NONNA: Chi parla?
SANDRA: Sono io, nonna!
NONNA: Chi?
SANDRA: Io, tua nipote!
NONNA: E chi sei?
SANDRA: Come chi sono, quante nipoti hai?
NONNA: Mah, chissà, non si sa mai chi chiama al telefono e per quale motivo...
SANDRA: Ma la mia voce la riconosci?
NONNA: No.

B. Generalità. Trasforma le frasi che senti. Comincia la nuova frase con **Chi...**, secondo l'esempio. Ripeti la risposta.

> ESEMPIO: *Senti:* Le persone che parlano troppo non sono simpatiche.
> *Dici:* Chi parla troppo non è simpatico.

1. ...   2. ...   3. ...   4. ...   5. ...

C. Chi? Sentirai, per due volte, cinque definizioni. Dovrai scegliere la parola che è descritta nella definizione.

ESEMPIO: *Senti:* Chi scrive e canta canzoni.

Leggi e segna: il basso (il cantautore)

1. a. il pittore   b. lo scultore   4. a. il regista   b. il compositore

2. a. l'ascensore   b. le scale   5. a. il frigo   b. il forno

3. a. l'autore   b. l'attore

C. Costruzioni con l'infinito

A. Per cominciare. Sentirai un dialogo seguito da tre frasi da completare. Sentirai il dialogo due volte. La prima volta, ascolta attentamente. La seconda volta, sottolinea i verbi all'infinito. Poi dovrai fermare la registrazione e completare le frasi. Controlla le tue risposte con le soluzioni date in fondo al libro.

MARCELLO: Ho sentito che ormai trovare biglietti per il concerto di Zucchero è impossibile. Hai ricordato di chiedere al tuo amico se conosce qualcuno con biglietti da vendere?

PIETRO: Oh no! Ho dimenticato!

MARCELLO: Non ti preoccupare, ho ricordato di cercarli io. Li ho comprati da mio cugino perché sapevo che avresti dimenticato.

1. Marcello dice che _____

_____

_____.

2. Pietro ha dimenticato di _____

_____.

3. Marcello si è ricordato _____

_____.

B. Propositi (*Intentions*) **e pensieri.** Quali sono i tuoi propositi? E i tuoi pensieri? Componi una frase sola, secondo i suggerimenti. Ripeti la risposta.

ESEMPIO: *Senti:* Ho paura: non voglio dimenticare l'appuntamento!
Leggi: dimenticare l'appuntamento
Dici: Ho paura di dimenticare l'appuntamento!

1. preparare la tavola
2. contare fino a cento in spagnolo
3. non mangiare più le caramelle
4. andare in vacanza
5. farmi male in cucina

C. Alcune domande personali. Rispondi alle seguenti domande secondo le tue esperienze personali. Usa la costruzione con l'infinito.

> ESEMPIO: *Senti:* Che cosa hai bisogno di fare?
> *Dici:* Ho bisogno di fare più ginnastica.

1. ... 2. ... 3. ... 4. ... 5. ...

D. Nomi e aggettivi in -a

A. Dal plurale al singolare. Sentirai cinque frasi al plurale. Cambia le frasi al singolare. Ripeti la risposta.

> ESEMPIO: *Senti:* I programmi della televisione sono ripetitivi.
> *Dici:* Il programma della televisione è ripetitivo.

1. ... 2. ... 3. ... 4. ... 5. ...

B. Chi sono? Sentirai, per due volte, cinque descrizioni di persone. Ascolta attentamente e di' chi sono le persone descritte. Ripeti la risposta.

> ESEMPIO: *Senti:* È un signore che visita un paese straniero.
> *Dici:* È un turista.

1. ... 2. ... 3. ... 4. ... 5. ...

C. Domande personali. Rispondi alle seguenti domande secondo le tue esperienze personali.

1. ... 2. ... 3. ... 4. ... 5. ...

 *Dialogo*

Prima parte. Il signor Cecchi ha due figlie: Caterina, che esce con un musicista e Valeria, che esce con un attore, regista e scrittore. Oggi conoscerà il ragazzo di Valeria, Luca.

Parole utili: sorride (*are you smiling*)

Ascolta attentamente il dialogo:

SIGNOR CECCHI:	Con chi esci stasera?
VALERIA:	Con Luca. Vedrai, ti piacerà, è attore, regista teatrale, scrittore...
SIGNOR CECCHI:	Non vedo l'ora di incontrarlo! Lo potrei invitare a venire con me alla prima di *Sei personaggi in cerca di autore*...
VALERIA:	Beh, papà, Luca non è un tipo da vestirsi bene per andare alle prime e poi è un regista di spettacoli alternativi; Pirandello forse non gli interessa, è un autore così usato, vecchio, stanco...
SIGNOR CECCHI:	E perché no, che male c'è con Pirandello? Vecchio? Stanco? Ma che dici? I suoi temi sono contemporanei... E poi, chi è questo Luca, non è forse un regista? Ogni spettacolo dovrebbe interessargli!
VALERIA:	Forse hai ragione. Dovresti domandarglielo tu; se glielo chiedo io, chissà, forse mi direbbe di no. (*suona il campanello della porta*) Ecco, ho sentito suonare il campanello...
LUCA:	Ciao, Valeria, buona sera, signor Cecchi.
SIGNOR CECCHI:	Buona sera, Luca, piacere di conoscerti, mia figlia mi ha appena detto che lavori nel teatro... Che spettacoli fai?

LUCA: Mi interessa la regia di autori giovani o contemporanei, come Dario Fo, ma anche i più tradizionali, di repertorio, non mi dispiacciono...

SIGNOR CECCHI: Conosci Pirandello?

LUCA: Certo che lo conosco. Ho cominciato a collaborare proprio in questi giorni su *Così è se vi pare*... Perché sorride, signor Cecchi?

SIGNOR CECCHI: Sai, Valeria mi diceva che ero troppo vecchio perché mi piaceva Pirandello!

LUCA: Ma no, sono sicuro che Le piacerebbero anche i miei spettacoli. Mi piace rappresentare l'alienazione, le crisi d'identità, il contrasto tra l'essere e l'apparire, la solitudine delle persone. Come in Pirandello!

SIGNOR CECCHI: Ho capito: la prossima settimana prendo due biglietti per il teatro e andiamo noi due, lasciamo Valeria a casa!

Seconda parte. Ascolta di nuovo il dialogo. Fai particolare attenzione ai gusti di Luca e del signor Cecchi.

Terza parte. Sentirai due volte sei frasi basate sul dialogo. Segna, per ciascuna frase, **vero** o **falso.**

1. vero   falso

2. vero   falso

3. vero   falso

4. vero   falso

5. vero   falso

6. vero   falso

Ed ora ascoltiamo!

Sentirai un dialogo tra Nicoletta e Elena in cui discutono dei loro gusti musicali, seguito da quattro frasi da completare. Puoi ascoltare il dialogo quante volte vuoi. Poi dovrai fermare la registrazione e completare le frasi, secondo il dialogo. Controlla le tue risposte con le soluzioni date in fondo al libro.

1. La canzone di Gino Paoli è _____ e ha più di _____ anni.

2. Gli strumenti che ci sono nelle canzoni preferite da Nicoletta sono, per esempio, _____

   _____ e _____ _____.

3. Elena preferisce invece le canzoni di Dalla, De Gregori e Guccini e _____ _____

   _____.

4. Nicoletta, in questa settimana, guarderà in televisione _____ _____ _____

   _____ _____.

Dettato

Sentirai un breve dettato tre volte. La prima volta, ascolta attentamente. La seconda volta, il dettato sarà letto con pause tra le frasi. Scrivi quello che senti. La terza volta, correggi quello che hai scritto. Scrivi sulle righe date. Controlla il tuo dettato con le soluzioni date in fondo al libro.

Clark e Christie _____

_____

_____

_____

_____

_____

_____

_____

_____

_____

_____

_____

_____

Sara in Italia

Sara è a Portovenere, in Liguria, dopo avere visitato le Cinque Terre, legate (*tied*) a Eugenio Montale, poeta e premio Nobel italiano. È arrivata qui, in barca, da Lerici, per vedere il golfo amato dai poeti romantici inglesi Shelley e Byron. Sara è con Silvana, una professoressa di lettere che ama viaggiare e vedere i luoghi legati a poeti, scrittori e uomini famosi. Le loro prossime tappe saranno Genova, la città natale di Cristoforo Colombo, e poi San Remo, la città del Festival della canzone italiana ma anche di Italo Calvino, uno scrittore molto conosciuto negli Stati Uniti e in Canada.

Ascolta attentamente il dialogo. Ascolta il dialogo quante volte vuoi. Poi, rispondi alle domande che senti. Sentirai ogni domanda due volte. Ripeti la risposta.

Parole utili: scoglio (*rock, cliff*), dipinte (*painted*), acceso (*bright*), marinai (*sailors*)

   1. ...   2. ...   3. ...   4. ...   5. ...

Sara in rete...

For more information about what Sara experienced during her travels, check out the links found on the *Prego!* website (**www.mhhe.com/prego6**).

CAPITOLO 15

Quando nacque Dante?

 ## Vocabolario preliminare

A. Per cominciare. Sentirai un dialogo seguito da quattro domande. Sentirai il dialogo due volte. La prima volta, ascolta attentamente. La seconda volta, il dialogo sarà ripetuto con pause per la ripetizione. Sentirai, per due volte, quattro domande e dovrai scrivere le risposte giuste alle domande. Controlla le tue risposte con le soluzioni date in fondo al libro.

PROFESSORESSA GORI:	Lorenzo, puoi dirmi quanti italiani parlavano davvero l'italiano nel 1861, al momento dell'unificazione?
LORENZO:	Secondo il libro, solo il 2,5 per cento. L'italiano, come lo chiamiamo oggi, corrispondeva al dialetto fiorentino e nella penisola era principalmente una lingua scritta, non parlata.
PROFESSORESSA GORI:	Perché il fiorentino è diventato la lingua nazionale?
LORENZO:	Era più prestigioso di altri dialetti in Italia perché aveva una sua letteratura, con Dante, Petrarca, Boccaccio... E gli abitanti del resto d'Italia hanno dovuto impararlo a scuola come una lingua straniera.
PROFESSORESSA GORI:	E adesso?
LORENZO:	Adesso tutti gli italiani parlano italiano. Anche la lingua italiana si è un po' trasformata e molte parole ed espressioni dei dialetti delle varie regioni fanno parte del patrimonio linguistico nazionale....

1. _____

2. _____

3. _____

4. _____

B. Le belle arti. Sentirai, per due volte, cinque frasi incomplete. Ascolta attentamente, poi dovrai scegliere la conclusione giusta.

ESEMPIO: *Senti:* Mi piace leggere, ma non mi piacciono le cose lunghe; preferisco...

Leggi e segna: i romanzi   i dipinti   (i racconti)

1. a. quadro b. scavo c. racconto

2. a. la rima b. l'archeologia c. la pittura

3. a. un capolavoro b. un affresco c. una poesia

4. a. paesaggio   b. ritratto   c. restauro

5. a. pittura   b. architettura   c. scultura

C. Un capolavoro della letteratura italiana: Dante e la *Divina Commedia*. Sentirai una lettura su Dante due volte. La prima volta, ascolta attentamente. La seconda volta, completa la lettura con le parole che mancano. Controlla le tue risposte con le soluzioni date in fondo al libro. Ora ferma la registrazione, dai un'occhiata alla lettura e leggi la nota a piè di pagina (*footnote*).

Espressioni utili: Non potere che (*to have to*), la salvezza (*salvation*), Riassumere (*To summarize*), sapere (*knowledge*), attraverso (*through*), la simpatia (*liking*), essere dannato (*to be damned*)

Non possiamo che cominciare a parlare di letteratura italiana con il nome di Dante, uno dei grandi

del '300 italiano, insieme a Boccaccio e Petrarca. Il _____¹ di Dante è la *Divina Commedia*,

un'opera in versi. L'opera narra il viaggio dell'_____² nei tre regni dell'Inferno, Purgatorio

e Paradiso, alla ricerca di una salvezza personale e collettiva. La _____³ dantesca è stata

molto importante per la lingua italiana. Intere generazioni hanno imparato a memoria dei versi

della *Divina Commedia*. Hanno _____⁴ dal poema, specialmente dall'inizio... «Nel mezzo

del cammin di nostra vita / mi ritrovai per una selva oscura / ché la diritta via era smarrita »ª...

_____⁵ la *Divina Commedia* è difficile perché è una vera enciclopedia del sapere, della

poesia, della filosofia, ed è ricchissima di fatti e personaggi del Medioevo. Ed è anche una storia,

un _____⁶ appassionante: Dante che passa attraverso i tre regni fino alla visione finale

di Dio. *L'Inferno* è la parte più famosa, nell'*Inferno* troviamo i personaggi più umani e più affascinanti.

E forse noi abbiamo simpatia per queste figure perché anche noi, come Dante, ci riconosciamo in loro,

anche se sono dannati...

ª*In the middle of the course of our life / I found myself in a dark wood / because I had temporarily gone astray...*

In ascolto

Una visita a Firenze. Antonella e Pasquale parlano davanti a Palazzo Vecchio, a Firenze. Ascolta con attenzione la loro conversazione, poi completa le seguenti frasi.

1. Antonella voleva visitare Palazzo Vecchio ma _____.

2. Piazza della Signoria era stata trasformata in _____.

3. Dall'alto la gente poteva vedere _____.

4. C'erano rovine del _____ e alcune più antiche del periodo _____.

5. Il Bargello era una prigione ma adesso è _____.

Grammatica

A. Passato remoto

A. Per cominciare. Sentirai un brano due volte. La prima volta, ascolta attentamente. La seconda volta, il brano sarà ripetuto con pause per la ripetizione. Poi sentirai, due volte, cinque frasi e dovrai segnare, per ciascuna frase, **vero** o **falso**.

PROFESSOR MARCENARO: Oggi vi parlerò di Michelangelo, di questo grandissimo artista che si affermò come pittore, scultore, architetto ed anche come poeta. Studiò con il Ghirlandaio e poi lavorò per principi, duchi, vescovi e papi. La sua opera più famosa sono gli affreschi della volta della Cappella Sistina. Questo immenso lavoro che Michelangelo volle eseguire senza nessun aiuto durò ben quattro anni (1508–1512). Gli affreschi illustrano episodi del Vecchio Testamento e culminano con il Giudizio Universale...

1. vero   falso

2. vero   falso

3. vero   falso

4. vero   falso

5. vero   falso

B. Chi venne in America? Di' chi venne in America, secondo i suggerimenti. Ripeti la risposta.

ESEMPIO: *Senti:* mio nonno
Dici: Tuo nonno venne in America.

1. ...   2. ...   3. ...   4. ...   5. ...   6. ...

B. Numeri ordinali

A. Personaggi storici. Di' il nome e il titolo di ogni personaggio. Usa i numeri ordinali. Ripeti la risposta.

ESEMPIO: *Leggi:* Giovanni Paolo II, papa
Dici: Giovanni Paolo Secondo, papa

1. Luigi XIV, re di Francia
2. Giovanni XXIII, papa
3. Enrico VIII, re d'Inghilterra
4. Carlo V, imperatore di Spagna e di Germania
5. Vittorio Emanuele II, re d'Italia
6. Elisabetta I, regina d'Inghilterra

B. In quale secolo? Di' in quale secolo successero i seguenti avvenimenti. Ripeti la risposta.

ESEMPIO: *Senti:* nell'anno 1517, la Riforma Luterana
Dici: nel sedicesimo secolo

1. ...   2. ...   3. ...   4. ...   5. ...   6. ...

C. Quale periodo? Sentirai nominare un secolo e dovrai dire a quale periodo corrisponde. Ripeti la risposta.

ESEMPIO: *Senti:* il sedicesimo secolo
Dici: il Cinquecento

1. ...   2. ...   3. ...   4. ...   5. ...   6. ...

C. Volerci v. metterci

A. Per cominciare. Sentirai un dialogo due volte. La prima volta, ascolta attentamente. La seconda volta, il dialogo sarà ripetuto con pause per la ripetizione.

AUTOMOBILISTA: Quanto ci vuole per arrivare a Cutrofiano?

PASSANTE: Dipende da quale strada sceglie. Potrebbe metterci mezz'ora o potrebbe metterci due ore.

B. Quanto ci vuole? Di' quanto ci vuole per fare le seguenti cose, secondo i suggerimenti. Ripeti la risposta.

ESEMPIO: *Senti:* Per fare la torta...
Leggi: un'ora e mezza
Dici: Per fare la torta ci vuole un'ora e mezza.

1. un'ora
2. tre ore e mezza
3. una mezza giornata
4. mezz'ora
5. due minuti

 Dialogo

Prima parte. Lorenzo dà un'esame sull'italiano e sull'Italia. Sentirai Lorenzo rispondere alle domande del professor Gori.

Ascolta attentamente il dialogo.

PROFESSOR GORI: Lorenzo, puoi dirmi quanti italiani parlavano davvero l'italiano nel 1861, al momento dell'unificazione della nazione?

LORENZO: Secondo il libro, solo il 2,5%. Possiamo anche spingere la cifra al 7–8% dell'intera popolazione, considerando gli abitanti della Toscana, dell'Umbria, di parte del Lazio, ma il risultato non cambia molto. L'italiano, come lo chiamiamo oggi, corrispondeva al dialetto fiorentino e, nella penisola, era principalmente una lingua scritta, non parlata, e parlata solo in Toscana. L'Italia era una penisola politicamente, economicamente e culturalmente divisa. Gli italiani parlavano i dialetti delle loro regioni.

PROFESSOR GORI: Per quali ragioni il fiorentino diventò la lingua nazionale?

LORENZO: Era più prestigioso di altri dialetti in Italia perché aveva una sua letteratura, con Dante, Boccaccio, Petrarca…Al momento dell'unificazione, Firenze aveva ancora molto prestigio culturale e lo stato italiano appena formato aveva bisogno di una lingua ufficiale. Gli abitanti del resto d'Italia imparavano l'italiano a scuola, come lingua straniera.

PROFESSOR GORI: E poi che cosa successe?

LORENZO: L'italiano si trasformò molto, tutti cominciarono a parlarlo, e molte parole degli altri dialetti entrarono a far parte del patrimonio comune della lingua italiana.

PROFESSOR GORI: Perché si trasformò?

LORENZO: Si trasformò perché diventò una lingua parlata, non rimase solo scritta. E poi si diffuse attraverso la televisione, la radio, i giornali e anche attraverso la scuola, perché gli italiani andarono finalmente tutti a scuola…

PROFESSOR GORI: Altre cose da aggiungere?

LORENZO: Il settanta per cento delle parole che usiamo oggi sono già negli autori medievali, in Dante, per esempio. Quindi vuol dire che il nucleo centrale della lingua italiana è ancora quello della lingua medievale o rinascimentale!

PROFESSOR GORI: Bravo, Lorenzo! Ci hai dato le informazioni essenziali per capire lo sviluppo dell'italiano. Bene!

Seconda parte. Ascolta di nuovo il dialogo. Fai particolare attenzione alla trasformazione della lingua italiana.

Terza parte. Sentirai due volte sei frasi basate sul dialogo. Segna, per ciascuna frase, **vero** o **falso.**

1. vero   falso

2. vero   falso

3. vero   falso

4. vero   falso

5. vero   falso

6. vero   falso

Ed ora ascoltiamo!

Sentirai l'inizio di una lezione su Boccaccio. Puoi ascoltare il brano quante volte vuoi. Poi sentirai, due volte, sei frasi e dovrai segnare, per ciascuna frase, **vero** o **falso.**

Parole utili: circolare (*to circulate*), mercante (*merchant*), il contenuto (*content*), veniva (*was*), in esse (*in them*), Nonostante (*In spite of*)

1. vero   falso   3. vero   falso   5. vero   falso

2. vero   falso   4. vero   falso   6. vero   falso

Dettato

Sentirai un dettato tre volte. La prima volta, ascolta attentamente. La seconda volta, il dettato sarà letto con pause tra le frasi. Scrivi quello che senti. La terza volta, correggi quello che hai scritto. Scrivi sulle righe date. Controlla il tuo dettato con le soluzioni date in fondo al libro.

Petrarca scrisse le *Rime* _____

_____

_____

_____

_____

_____

_____

_____

_____

_____

_____

_____

_____

_____

_____

_____

_____

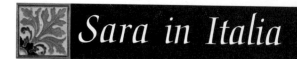

Sara in Italia

Sara è oggi nella campagna di Siena, a San Galgano, a visitare le magnifiche rovine dell'Abbazia (*abbey*) e del Monastero dedicati a Galgano, il guerriero che si fece monaco (*monk*) e fu poi proclamato santo. San Galgano è un luogo poco frequentato dai turisti, fuori dai centri principali. Per arrivare qui è necessaria una macchina, e Sara è venuta con suo cugino, David Lorenzetti. I signori Lorenzetti abitano a Siena, a meno di un'ora da questo luogo incantato (*enchanted*).

Ascolta attentamente il dialogo. Ascolta il dialogo quante volte vuoi. Poi, rispondi alle domande che senti. Sentirai ogni domanda due volte. Ripeti la risposta.

Parole utili: ne valeva la pena (*it was worthwhile*), pavimento (*floor*), cappella (*chapel*), spada (*sword*), rompere (*to break*), rinunciava (*renounced*), approvazione (*approval*)

   1. ...   2. ...   3. ...   4. ...   5. ...

Sara in rete...

For more information about what Sara experienced during her travels, check out the links found on the *Prego!* website (**www.mhhe.com/prego6**).

CAPITOLO 16

Per chi voti?

 Vocabolario preliminare

A. Per cominciare. Sentirai un dialogo seguito da tre frasi. Sentirai il dialogo due volte. La prima volta, ascolta attentamente. La seconda volta, il dialogo sarà ripetuto con pause per la ripetizione. Poi ascolta le frasi e scegli, per ciascuna frase, **vero** o **falso.**

MARISA: Finalmente un'Europa unita, con una sola moneta!

ADRIANA: Sì, ora tutti gli stati della Communità Europea hanno l'euro. E un po' mi dispiace che la lira sia scomparsa…

MARISA: Spero che questa unità porti più lavoro e meno disoccupazione.

ADRIANA: Speriamo. Ma intanto oggi dobbiamo votare per il nuovo Parlamento Europeo.

MARISA: E tu, per chi voti?

ADRIANA: Per chi difende la democrazia, gli interessi di tutti i cittadini… e dell'Italia in Europa!

MARISA: E quale sarebbe il partito giusto?

ADRIANA: Devo ancora deciderlo!

    1. vero   falso

    2. vero   falso

    3. vero   falso

B. Politica e società. Sentirai, per due volte, cinque frasi da completare. Ascolta attentamente, poi scegli il completamento giusto.

    ESEMPIO: *Senti:* Mia sorella è segretaria presso l'Olivetti. È…

           Segna: (a. un'impiegata.)   b. un'operaia.   c. una deputata.

1. a. un aumento   b. una riduzione   c. una costituzione

2. a. partiti politici   b. ministri   c. disoccupati

3. a. diminuire   b. scioperare   c. votare

4. a. le tasse   b. gli operai   c. le elezioni

5. a. in aumento   b. in sciopero   c. in diminuzione

C. La politica italiana e sociale... Definizioni. Sentirai, per due volte, otto definizioni riguardo allo Stato e sei definizioni riguardo ai problemi sociali. Dovrai identificare i termini a cui si riferiscono. Scrivi le risposte nella colonna appropriata. Controlla le tue risposte con le soluzioni date in fondo al libro.

Parole utili: ramo (*chamber*), segreta (*secret*), versamento (*deposit*), spesa (*expenditure*)

la Camera dei Deputati e il Senato

la Costituzione

il deputato, la deputata

la disoccupazione

le elezioni

l'operaio, l'operaia

l'impiegato, l'impiegata

il primo ministro

il Presidente della Repubblica

il salario, lo stipendio

le tasse

il voto   uno sciopero   votare

LO STATO   I PROBLEMI SOCIALI

1. _____   1. _____
   _____   _____

2. _____   2. _____
   _____   _____

3. _____   3. _____
   _____   _____

4. _____   4. _____
   _____   _____

5. _____   5. _____
   _____   _____

6. _____   6. _____

_____   _____

7. _____

_____

8. _____

_____

In ascolto

Gli italiani e la politica. Laura, una studentessa americana di storia, discute con Valerio del sistema politico italiano. Ascolta con attenzione la loro conversazione, poi rispondi alle seguenti domande.

1. Perché Laura è confusa quando pensa al sistema politico italiano?
2. Cosa risponde Valerio a Laura?
3. Qual è la cosa che sorprende (*surprises*) Laura delle elezioni in Italia?
4. Come interpreta Valerio la situazione?
5. Cosa risponde Laura? Sei d'accordo?

Grammatica

A. Congiuntivo presente

A. Per cominciare. Sentirai un dialogo due volte. La prima volta, ascolta attentamente. La seconda volta, completa il dialogo con i verbi al congiuntivo presente che mancano. Controlla le tue risposte con le soluzioni date in fondo al libro.

SIGNOR TESTA: Ho l'impressione che i problemi del mondo

_____[1] in continuo aumento: mi pare

che _____[2] il problema della povertà,

così come quello della disoccupazione; mi

sembra che _____[3] i problemi delle

minoranze e degli immigrati; credo che

_____[4] molto gravi i problemi

ecologici… chi vuoi che _____[5] ai

pensionati?

SIGNOR MAZZOLA: Ma anche i nostri problemi sono importanti e dobbiamo farci sentire. Anzi, io penso

che _____[6] necessario che tutti _____ _____[7] dei problemi di tutti,

non solo dei propri!

B. Candidati al Parlamento... Sentirai un dialogo tra Silvia e Marzia, seguito da tre frasi. Sentirai il dialogo due volte. La prima volta, ascolta attentamente. La seconda volta, il dialogo sarà ripetuto con pause per la ripetizione. Poi ascolta le frasi e scegli, per ciascuna frase, **vero** o **falso**.

Espressioni utili: lavoratore (*worker*), essere cosciente (*to be aware*), casalinga (*homemaker*), capitali (*capital*), ritenere giusto (*to consider it right*), possedere (*to possess*), ricchezza (*wealth*).

SILVIA: E allora, cosa sai di questi candidati al Parlamento?

MARZIA: Credo siano i migliori, non mi sembra che usino alcuna demagogia: vogliono che la disoccupazione diminuisca, che i salari siano difesi, che i diritti dei lavoratori non siano toccati, ma sono anche coscienti che tutto ha un prezzo e che tutti dovranno fare sacrifici...

SILVIA: Dipende chi dovrà fare i sacrifici, a dire il vero: sono stanca che a pagare siano sempre le donne, le casalinghe, i giovani, i pensionati.

MARZIA: Sai, la mia candidata preferita ha proposto una tassa sui capitali, perché non ritiene giusto che ci sia una piccola percentuale della popolazione che possiede tanta ricchezza e non paga nulla.

1. vero   falso

2. vero   falso

3. vero   falso

C. Le faccende di casa. Quando Renata ti chiede di fare le faccende di casa, rispondi che vuoi che le facciano gli altri, secondo i suggerimenti. Ripeti la risposta.

> ESEMPIO: *Senti:* Pulirai il frigo?
> *Leggi:* Paolo
> *Dici:* No, voglio che Paolo pulisca il frigo!

1. voi
2. tu
3. gli altri
4. Claudio
5. tu e Claudio

B. Verbi e espressioni che richiedono il congiuntivo

A. Per cominciare. Sentirai un dialogo due volte. La prima volta, ascolta attentamente. La seconda volta, il dialogo sarà ripetuto con pause per la ripetizione.

CAMERIERE: Professore, vuole che Le porti il solito caffè o preferisce un poncino?

PROFESSORE: Fa un po' fresco... Forse è meglio che prenda un poncino. Scalda di più.

CAMERIERE: Speriamo che questo sciopero finisca presto, professore!

PROFESSORE: Certo, ma bisogna che prima gli insegnanti abbiano un miglioramento delle loro condizioni di lavoro.

B. Opinioni. Sentirai sei domande fatte da un giornalista che ti intervista su argomenti politici. Rispondi alle sue domande con le seguenti espressioni. Ripeti la risposta.

> ESEMPIO: *Senti:* Il razzismo è un problema molto grave?
> *Leggi:* Mi pare...
> *Dici:* Mi pare che il razzismo sia un problema molto grave.

1. Ho l'impressione che...
2. Mi dispiace che...
3. Sono contento che...
4. Immagino che...
5. Mi dispiace che...
6. È probabile che...

C. Sfumature (*Nuances*). Fai il dirigente (*director*) di un'azienda e devi parlare in modo preciso. Esprimi le tue opinioni secondo i suggerimenti. Ripeti la risposta.

> ESEMPI: *Senti:* Preferisco...
> *Leggi:* Morelli va a Roma.
> *Dici:* Preferisco che Morelli vada a Roma.
>
> *Senti:* Sono certo...
> *Leggi:* Avete il personale necessario.
> *Dici:* Sono certo che avete il personale necessario.

1. Arrivate puntuali.
2. Gli operai sono in sciopero.
3. Finiamo in tempo.
4. Tutti partecipano alla riunione.
5. Dobbiamo licenziare (*fire*) qualcuno.

D. Opinioni sulla politica. Esprimi delle opinioni sulla politica, secondo i suggerimenti. Ripeti la risposta.

> ESEMPIO: *Senti:* Dubito...
> *Leggi:* il primo ministro andare in Cina
> *Dici:* Dubito che il primo ministro vada in Cina.

1. l'inflazione essere ferma
2. lo sciopero continuare
3. il governo vincere le elezioni
4. il mio stipendio aumentare
5. il governo mettere nuove tasse
6. i politici essere onesti

E. Cosa pensi? Sentirai quattro espressioni che richiedono il congiuntivo. Dovrai formare delle frasi complete con le espressioni che senti, utilizzando (*using*) un soggetto della colonna A e un verbo della colonna B. Di' la tua frase e poi ascolta, di seguito, una risposta possibile.

> ESEMPIO: *Senti:* Immagino...
> *Dici:* Immagino che il governo aumenti le tasse.

A	B
il conflitto tra industria e operai	avere un buon esito (*outcome*)
i deputati al Parlamento	essere onesto
i ministri	fermare l'inflazione
lo sciopero	finire prima

C. Congiuntivo passato

A. Per cominciare. Sentirai un dialogo due volte. La prima volta, ascolta attentamente. La seconda volta, il dialogo sarà ripetuto con pause per la ripetizione.

FRANCESCO: Perché Maria non si è licenziata (*quit*)? Ieri mi ha detto che non le piaceva il suo lavoro e che avrebbe dato le dimissioni oggi.

DINO: Penso che le abbiano aumentato lo stipendio.

B. Speranze. Fai la parte dell'attivista politica ed esprimi la tua speranza in risposta alle domande che ti fa un giornalista. Ripeti la risposta.

ESEMPIO: *Senti:* Il governo ha aiutato i poveri?
Dici: Spero che il governo abbia aiutato i poveri.

1. ... 2. ... 3. ... 4. ...

Dialogo

Prima parte. Sabrina e Davide discutono delle recenti elezioni europee e del ruolo dell'Italia in Europa.

Parole utili: affatto (*at all*), favorevole (*in favor*), astensionismo (*abstention*), più... più (*the more . . . the more*), A proposito (*By the way*), meno male che (*fortunately*), promuovere (*to promote*)

Ascolta attentamente il dialogo.

SABRINA: Mah, che ne dici dei risultati delle elezioni europee?

DAVIDE: Guarda, non mi dire niente, non sono affatto contento...

SABRINA: Io sono più neutrale, aspetto di vedere adesso quello che succederà, adesso che si discute di includere paesi dell'Est. Io sono favorevole, ma sono stata sorpresa dall'astensionismo. Di solito c'è più dell'80 per cento degli italiani che vota; vedere solo il 50 per cento è stato uno choc, specialmente nel caso di elezioni europee così importanti.

DAVIDE: Sai, io non ero molto convinto ma sono andato a votare lo stesso. È stata una decisione difficile. Non credi che dobbiamo dimostrare che l'Italia vuole un'Europa più forte? Dopo tutto, più la politica europea rimane unitaria, più l'Europa diventa forte economicamente.

SABRINA: Si è già dimostrato con l'euro e con il fatto che l'euro o è pari al dollaro o è più forte. Speriamo solo che la situazione economica dei possibili nuovi membri non destabilizzi l'Europa.

DAVIDE: Non credo succederà. L'Italia sarà come sempre al centro delle riforme europee, siamo ormai un paese profondamente europeista e non si può tornare indietro. Ma dimmi, come hai votato: per il governo o contro il governo? Per la politica europea o contro l'Italia guidata da Strasburgo?

SABRINA: È una domanda interessante perché il mio candidato alle europee non fa parte del governo, ma non è contro il governo...

DAVIDE: Va bene, non ti chiedo di più... A proposito, sei andata ieri a distribuire volantini alla manifestazione sulla difesa dei diritti dei lavoratori?

SABRINA: No, perché?

DAVIDE: Perché io ci sono andato ed è un peccato che tu non sia venuta. Meno male che ci sono io a promuovere i lavoratori nella società...

SABRINA: Vero, vero, senza di te il mondo non andrebbe avanti...

Seconda parte. Ascolta di nuovo il dialogo. Fai particolare attenzione a cosa dicono Sabrina e Davide sulle percentuali dei votanti, sulla politica europea e sull'euro.

Terza parte. Sentirai due volte sei frasi basate sul dialogo. Segna, per ciascuna frase, **vero** o **falso.**

1. vero   falso
2. vero   falso
3. vero   falso
4. vero   falso
5. vero   falso
6. vero   falso

Ed ora ascoltiamo!

Aliza, una studentessa americana di storia, discute con Valerio del sistema politico italiano. Sentirai il loro dialogo. Puoi ascoltare il dialogo quante volte vuoi. Poi sentirai, due volte, sei frasi e dovrai segnare, per ciascuna frase, **vero** o **falso.**

1. vero   falso
2. vero   falso
3. vero   falso
4. vero   falso
5. vero   falso
6. vero   falso

 Dettato

Sentirai un breve dettato tre volte. La prima volta, ascolta attentamente. La seconda volta, il dettato sarà letto con pause tra le frasi. Scrivi quello che senti. La terza volta, correggi quello che hai scritto. Scrivi sulle righe date. Controlla il tuo dettato con le soluzioni date in fondo al libro.

Guido ha invitato _____

_____

_____

_____

_____

_____

_____

_____

_____

_____

_____

_____

_____

_____

_____

Sara in Italia

Sara è oggi a Roma, capitale d'Italia e sede del governo centrale. Ha voluto evitare San Pietro e i musei Vaticani perché è domenica e i musei sono sempre affollati. Ha deciso invece di visitare un monumento che non aveva mai visitato nei suoi due precedenti soggiorni a Roma: quello dedicato a Vittorio Emanuele II, il primo re dell'Italia unita. Con lei c'è suo cugino Giovanni D'Agostino. I signori D'Agostino abitano a Roma e Sara è loro ospite.

Ascolta attentamente il dialogo. Ascolta il dialogo quante volte vuoi. Poi, rispondi alle domande che senti. Sentirai ogni domanda due volte. Ripeti la risposta.

Parole utili: assomigliare (*to resemble*), macchina da scrivere (*typewriter*), imbarazzanti (*embarrassing*), di guardia (*standing guard*), soldato, milite (*soldier*), ignoto (*unknown*), patria (*homeland*)

1. …   2. …   3. …   4. …   5. …

Sara in rete...

For more information about what Sara experienced during her travels, check out the links found on the *Prego!* website **(www.mhhe.com/prego6).**

CAPITOLO **17**

Fare domanda di lavoro

Vocabolario preliminare

A. Per cominciare. Sentirai un dialogo due volte. La prima volta, ascolta attentamente. La seconda volta, il dialogo sarà ripetuto con pause per la ripetizione.

EMANUELE: Inflazione, disoccupazione, crisi economica... e come lo trovo un lavoro?
GABRIELLA: Bisogna avere pazienza e persistere: fare domande, rispondere agli annunci, partecipare ai concorsi...
EMANUELE: E tu, da quanto tempo persisti?
GABRIELLA: A dire il vero, io un lavoro ce l'ho: e serve proprio per trovarti un lavoro. Lavoro per il sindacato, io!

B. Definizioni. Sentirai, per due volte, cinque definizioni riguardo al lavoro. Scrivi la lettera del termine a fianco (*next to*) del numero della definizione che senti.

1. _____   a. il lavoratore

2. _____   b. il sindacato

3. _____   c. il costo della vita

4. _____   d. l'assistenza sanitaria nazionale

5. _____   e. il colloquio di lavoro

C. Breve storia di Alessandra. Sentirai, per due volte, un brano seguito da cinque frasi. Ascolta attentamente. Poi dovrai scegliere, per ciascuna frase, **vero** o **falso.**

1. vero   falso

2. vero   falso

3. vero   falso

4. vero   falso

5. vero   falso

Buon lavoro! Parlano Simone Bellini e la signora Pagani, la dirigente della ditta che l'ha assunto. Ascolta con attenzione la loro conversazione, poi completa le frasi seguenti.

1. La signora Pagani è molto felice di _____ Simone Bellini.

2. Simone può incominciare _____.

3. Il segretario della signora Pagani darà a Simone il modulo per _____.

4. Secondo Simone, le sue _____ sono molto chiare.

5. Alla fine del colloquio la dirigente presenta Simone _____.

Grammatica

A. Congiunzioni che richiedono il congiuntivo

A. Per cominciare. Sentirai un dialogo. Ascolta attentamente. Poi sentirai, due volte, tre frasi da completare e dovrai scegliere, per ciascuna frase, il completamento giusto.

SIGNOR ONGETTA: Pronto, signora Croci? Buongiorno, sono il rappresentante della Bottega del Gioiello. A proposito delle catene d'oro... non deve preoccuparsi, le ho già spedite e arriveranno in settimana... a meno che la posta non abbia ritardi!

SIGNORA CROCI: È possibile una seconda spedizione prima che finisca l'anno? Ai nostri clienti piacciono molto le vostre creazioni!

SIGNOR ONGETTA: Non glielo posso promettere: benché i miei operai facciano il possibile, c'è sempre la possibilità di qualche intoppo (*obstacle*).

SIGNORA CROCI: E il costo, sarà lo stesso?

SIGNOR ONGETTA: Beh, no, ci sarà un leggero aumento. Ne capirà i motivi senza che glieli spieghi: il prezzo dell'oro, il costo della mano d'opera, l'inflazione...

1. a. l'anno.   b. il mese.   c. la settimana.
2. a. uno sconto.   b. una seconda spedizione.   c. una terza spedizione.
3. a. più alto.   b. uguale.   c. più basso.

B. Chi si sveglia prima? La tua compagna di casa esce di casa prima di tutti la mattina. Di' prima di chi esce di casa, secondo i suggerimenti. Ripeti la risposta.

> ESEMPIO: *Senti:* tu
> *Dici:* Esce di casa prima che io mi alzi.

1. ...   2. ...   3. ...   4. ...   5. ...

C. Scopi, condizioni. Parla dei tuoi programmi di carriera e anche di quelli dei tuoi amici. Completa le frasi che senti, secondo i suggerimenti. Ripeti la risposta.

> ESEMPIO: *Senti:* La ditta mi assume purché...
> *Leggi:* io / avere i requisiti
> *Dici:* La ditta mi assume purché io abbia i requisiti.

1. tu / poter trovare lavoro facilmente
2. io / continuare a telefonare
3. lei / non avere la macchina
4. voi / accompagnarmi in agenzia
5. Beatrice / poter essere felice

D. Un vero amico. Sentirai, per due volte, un brano in cui Mauro parla a Maria di qualcosa che lei ha fatto che lo ha ferito (*hurt him*). Ascolta attentamente. Poi ferma la registrazione e completa le frasi, secondo il brano. Controlla le tue risposte con le soluzioni date in fondo al libro.

1. Ti voglio parlare affinché _____
   _____.

2. Anch'io sono qui benché _____.

3. Continuerò a parlarti a condizione che _____.

4. ... sono tuo amico, sebbene quello che tu hai fatto _____.

5. E sarò ancora tuo amico purché _____.

6. Ti ascolterò anche tutta la notte, a meno che _____.

B. Altri usi del congiuntivo

A. Per cominciare. Sentirai un brano due volte. La prima volta, ascolta attentamente. La seconda volta, completa il brano con le parole che mancano. Controlla le tue risposte con le soluzioni date in fondo al libro.

_____[1] siate, mi dovete ubbidire! _____[2] decisione io prenda, dovete essere

d'accordo! _____[3] io vada, dovete seguirmi!

B. Certezze. Di' le frasi che senti con convinzione, secondo i suggerimenti. Ripeti la risposta.

> ESEMPIO: *Senti:* Le persone che cercano lavoro devono riempire questi moduli.
> *Leggi:* Chiunque...
> *Dici:* Chiunque cerchi lavoro deve riempire questi moduli.

1. Dovunque...
2. Qualunque cosa...
3. Comunque...
4. Chiunque...
5. Qualunque...

C. Cattivo umore. Sei di cattivo umore oggi. Lamentati di tutto, secondo i suggerimenti. Ripeti la risposta.

> ESEMPIO: *Leggi:* nessuno / amarmi
> *Dici:* Non c'è nessuno che mi ami.

1. niente / interessarmi
2. nessuno / volere studiare con me
3. niente / piacermi nel frigo
4. nessuno / farmi regali

C. Congiuntivo o infinito?

A. Per cominciare. Sentirai un dialogo due volte. La prima volta, ascolta attentamente. La seconda volta, il dialogo sarà ripetuto con pause per la ripetizione. Poi sentirai, due volte, tre frasi da completare e dovrai scegliere, per ciascuna frase, il completamento giusto.

FIORELLA: Valentina, come mai in giro a quest'ora? Non sei andata in ufficio?

VALENTINA: Non lo sapevi? Ho chiesto altri sei mesi di aspettativa per avere più tempo per mio figlio.

FIORELLA: Sei contenta di stare a casa?

VALENTINA: Per ora sì, ma tra sei mesi bisogna che io torni a lavorare e allora mio marito chiederà l'aspettativa. Per fortuna i benefici ci permettono di avere questi mese per stare con il bambino!

1. a. in ufficio.
   b. a casa.
   c. in giro.
2. a. licenziarsi.
   b. stare di più con suo figlio.
   c. tornare al lavoro subito.
3. a. tre mesi
   b. sei mesi
   c. dodici mesi

B. Impressioni, pensieri e sentimenti. A cosa pensano tutti? Di' a cosa pensi e a cosa pensano i tuoi amici, secondo i suggerimenti. Ripeti la risposta.

> ESEMPI: *Senti:* Io spero...
> *Leggi:* Tu hai fortuna.
> *Dici:* Io spero che tu abbia fortuna.
>
> *Senti:* Lisa vuole...
> *Leggi:* Lisa trova un lavoro.
> *Dici:* Lisa vuole trovare un lavoro.

1. Marco è sfortunato.
2. Sonia torna presto.
3. Perdete il lavoro.

4. Sono in ritardo.
5. Herbert non dice la verità.

C. Pensieri e opinioni personali. Componi delle frasi nuove che cominciano con le espressioni suggerite. Usa **che** + indicativo, **che** + congiuntivo o l'infinito con o senza **di**. Ripeti la risposta.

ESEMPI: *Leggi:* Marco è in sciopero.
   Senti: È vero…
    Dici: È vero che Marco è in sciopero.

   Senti: Crediamo…
    Dici: Crediamo che Marco sia in sciopero.

   Senti: Marco vorrebbe…
    Dici: Marco vorrebbe essere in sciopero.

Voto socialista.

 1. … 2. … 3. … 4. …

Hanno avuto un aumento.

 1. … 2. … 3. … 4. …

Dialogo

Parte prima. Cinzia e Francesco parlano delle loro prospettive di lavoro.

Ascolta attentamente il dialogo.

Parole utili: portiere di notte (*night watchman*)

CINZIA: Dimmi un po', Francesco, vorresti veramente cambiare professione per entrare alle Poste?
FRANCESCO: Certo! Sono stanco di lavorare come portiere di notte e delle mansioni associate, rispondere sempre ai telefoni, usare i computer, mandare i fax, e tutto da solo… Alle Poste almeno non devo lavorare da solo o di notte!
CINZIA: Hai tutti i requisiti necessari per fare domanda?
FRANCESCO: Sì, il mio diploma liceale è sufficiente, ho l'esperienza giusta. Ho anche mandato il mio curriculum ad altre aziende, per avere altre opportunità…
CINZIA: E gli annunci sul giornale?
FRANCESCO: Sì, anche quelli. Ho risposto a vari annunci ma per ora niente, continuo a fare il portiere di notte, come sai. Credo che al momento l'unica possibilità sia partecipare al concorso delle Poste. È un lavoro che vorrei molto, ma sai che per un posto alle Poste ci sono sempre tantissime domande. E tu, invece, che hai intenzione di fare con il tuo lavoro? Alla fine dell'aspettativa torni a scuola?

CINZIA: Sì, ormai insegnare è la cosa che mi piace di più e poi, quando saremo in tre, ci sarà bisogno di uno stipendio extra. Quello solo di mio marito non sarebbe sufficiente e io non voglio andare in un appartamento meno grande di quello che abbiamo adesso. L'unico problema sarà trovare una baby-sitter per Chiara…

FRANCESCO: E tuo marito, l'aspettativa non la prende?

CINZIA: Mario? No, lui dice che non gli piace questa nuova famiglia moderna, con i padri a casa e le madri al lavoro. Ma sono sicuro che gli farò cambiare idea, se ne avremo bisogno. Non è questo il momento per fare i tradizionalisti!

Seconda parte. Ascolta di nuovo il dialogo. Fai particolare attenzione a cosa dice Cinzia sulla sua situazione, su suo marito e cosa dice Francesco sulle cose che ha dovuto fare per partecipare al concorso per le Poste.

Terza parte. Sentirai due volte sei frasi basate sul dialogo. Segna, per ciascuna frase, **vero** o **falso.**

1. vero   falso

2. vero   falso

3. vero   falso

4. vero   falso

5. vero   falso

6. vero   falso

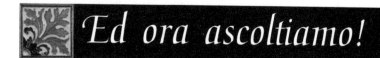

Ed ora ascoltiamo!

Sentirai un'e-mail che Laura invia al suo fidanzato Roberto. Puoi ascoltare il brano quante volte vuoi. Poi sentirai, due volte, cinque frasi e dovrai segnare, per ciascuna frase, **vero** o **falso.**

1. vero   falso

2. vero   falso

3. vero   falso

4. vero   falso

5. vero   falso

 # Dettato

Sentirai un dettato tre volte. La prima volta, ascolta attentamente. La seconda volta, il dettato sarà letto con pause tra le frasi. Scrivi quello che senti. La terza volta, correggi quello che hai scritto. Scrivi sulle righe date. Controlla il tuo dettato con le soluzioni date in fondo al libro.

Stamattina Cinzia, Gabriella e Francesco _____

_____

_____

_____

_____

_____

_____

_____

_____

_____

_____

_____

_____

_____

_____

_____

_____

Sara in Italia

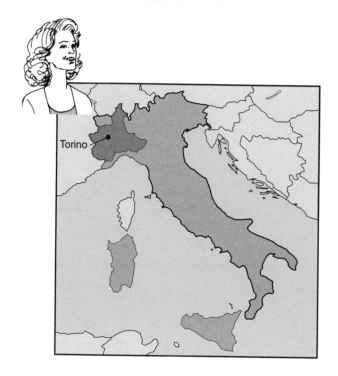

Torino

Sara è a Torino, in Piemonte, dove incontra Maria, un'amica di suo cugino Giovanni. Maria studia al Politecnico e sa molte cose della sua città, dove la sua famiglia, del Sud, è andata a vivere negli anni Sessanta. Dopo avere passeggiato per il centro della città e avere mangiato i gianduiotti, tipici cioccolatini torinesi, Sara e Maria vanno al parco del Valentino per rilassarsi.

Ascolta attentamente il dialogo. Ascolta il dialogo quante volte vuoi. Poi, rispondi alle domande che senti. Sentirai ogni domanda due volte. Ripeti la risposta.

Parole utili: portici (*porticoes*), a mio agio (*at ease*), chiedermi (*wonder*), pasta (*paste*), nocciola (*hazelnut*), pancia (*belly*)

1. ... 2. ... 3. ... 4. ... 5. ...

Sara in rete...

For more information about what Sara experienced during her travels, check out the links found on the *Prego!* website **(www.mhhe.com/prego6).**

CAPITOLO **18**

La società multiculturale

Vocabolario preliminare

A. Per cominciare. Sentirai un dialogo due volte. La prima volta, ascolta attentamente. La seconda volta, il dialogo sarà ripetuto con pause per la ripetizione.

ANTONIO: Siete andati tu e Carla alla manifestazione contro la violenza razzista, ieri?

FABRIZIO: Sì, e ho portato anche due miei studenti del Nord Africa, per mostrargli la nostra solidarietà…

ANTONIO: È stata bellissima, non credi? Con tutti quei giovani che cantavano e si tenevano per mano.

FABRIZIO: I giovani sono la nostra speranza. Il razzismo non è genetico, è una cosa che impariamo quando riceviamo messaggi che dobbiamo avere paura di chi è diverso.

ANTONIO: È quello che dico sempre ai miei figli. Che la diversità è un valore positivo, che possiamo imparare tanto dalle altre culture…

B. Definizioni. Sentirai, per due volte, cinque definizioni riguardo ai problemi sociali. Scrivi la lettera del termine a fianco del numero della definizione che senti.

1. _____   a. l'immigrazione   4. _____   d. l'extracomunitario

2. _____   b. il razzismo   5. _____   e. il consumismo

3. _____   c. l'alcoolismo

C. Per discutere dei problemi sociali... Sentirai cinque definizioni. Dovrai scegliere e dire la definizione che abbia lo stesso significato. Ripeti la risposta.

ESEMPIO: *Senti:* opporsi al razzismo
            Dici: essere contro il razzismo

> convivere con diverse razze
> eliminare le differenze di classe
> essere a favore della diversità
> essere contro il razzismo
> essere impegnati in politica
> fidarsi degli stranieri

1. ...   2. ...   3. ...   4. ...   5. ...

In ascolto

Ben arrivata! Barbara e Lorenzo parlano di amici di Lorenzo che hanno adottato una bambina etiope (*Ethiopian*). Ascolta con attenzione la loro conversazione e decidi se le seguenti affermazioni sono vere o false. Poi, correggi le affermazioni false.

1. Gli amici di Lorenzo non sono ancora tornati dall'Etiopia.   vero   falso

   _____

2. Il nome etiope della bambina significa «la figlia della luna».   vero   falso

   _____

3. La bambina ha già otto anni.   vero   falso

   _____

4. È stato poco complicato adottare la bambina.   vero   falso

   _____

5. La bambina, quando crescerà, sarà bilingue.   vero   falso

   _____

Grammatica

A. Imperfetto del congiuntivo

A. Per cominciare. Sentirai un dialogo due volte. La prima volta, ascolta attentamente. La seconda volta, completa il dialogo con le parole che mancano. Controlla le tue risposte con le soluzioni date in fondo al libro.

CINZIA: Così tuo padre non voleva che tu ____ _____¹ con Shamira?

IVAN: Assurdo! Sperava invece che ____ _____² di Daniela, così sarei diventato dirigente nell'azienda di suo padre!

CINZIA: Che materialista! E tua madre?

IVAN: Lei invece non vedeva l'ora che ____ _____³ con Shamira! Non può sopportare Daniela!

B. Problemi di famiglia. Piera ti racconta dei problemi con i suoi genitori. Rispondi che sarebbe meglio che i suoi genitori non facessero quelle cose, secondo i suggerimenti. Ripeti la risposta.

ESEMPIO: *Senti:* Interferiscono sempre!
Dici: Sarebbe meglio che non interferissero.

1. ... 2. ... 3. ... 4. ...

C. Lo zio Carlo. Racconta ai tuoi amici come ha reagito tuo zio, che è un tradizionalista, quando gli hai raccontato della tua vita indipendente. Ripeti la risposta.

ESEMPIO: *Leggi:* dividere un appartamento con gli amici
Dici: Non credeva che io dividessi un appartamento con gli amici.

1. guadagnarmi da vivere a 20 anni
2. volere studiare invece di sposarsi subito
3. impegnarmi per eliminare il consumismo
4. essere felice della mia vita

B. Trapassato del congiuntivo

A. Non sapevo! Il tuo amico ti racconta tante novità. Di' che non sapevi tali cose, secondo i suggerimenti. Ripeti la risposta.

> ESEMPIO: *Senti e leggi:* Nicoletta ha vinto il torneo di tennis.
> *Dici:* Non sapevo che avesse vinto il torneo di tennis!

1. Nadia ha studiato tutta la notte.
2. Claudio ed io siamo andati alla riunione.
3. Fabio ed io abbiamo avuto l'aumento.
4. Mia madre è stata politicamente impegnata.
5. Ho giudicato male i loro amici.

B. La zia Matilda. Tua zia credeva nel proverbio che dice «non si è mai troppo vecchi!» Completa le frasi che elencano le cose che ha fatto, secondo i suggerimenti. Comincia il completamento con **benché non**. Ripeti la risposta.

> ESEMPIO: *Senti e leggi:* A ottant'anni scrisse un libro…
> *Dici:* benché non avesse mai scritto prima.

1. A settant'anni dipinse un quadro…
2. A sessant'anni scolpì una statua…
3. A cinquant'anni si sposò…
4. A settant'anni fece un lungo viaggio…

C. Correlazione dei tempi nel congiuntivo

A. Per cominciare. Sentirai un dialogo due volte. La prima volta, ascolta attentamente. La seconda volta, completa il dialogo con le parole che mancano. Controlla le tue risposte con le soluzioni date in fondo al libro.

LAURA: Mamma, ho deciso di accettare quel lavoro a New York.

MADRE: Ma non sarebbe meglio che ____ _____[1] qui a Trieste,

vicino alla famiglia, agli amici? A New York c'è il problema della

violenza e della droga: non voglio che ____ _____[2]

qualcosa di brutto…

LAURA: Mamma, il problema della violenza e della droga c'è in tutte le grosse città. E poi, vorrei che

tu _____[3] che è importante che io _____[4] nuove esperienze.

MADRE: Capisco, Laura, ma è naturale che io ____ _____[5]…

B. Idee politiche. Completa le seguenti frasi, secondo i suggerimenti. Ripeti la risposta.

> ESEMPIO: *Senti:* Vorrei che…
> *Leggi:* il razzismo / non esistere
> *Dici:* Vorrei che il razzismo non esistesse.

1. la gente / cercare di eliminare l'inquinamento
2. i genitori / apprezzare le idee dei giovani
3. la gente / prendere sul serio i problemi degli anziani
4. il governo / lavorare per eliminare la povertà

C. Acquisti. Giuseppe e Franca hanno appena acquistato una nuova macchina. Quando Giuseppe ti confida (*tells you*) i suoi pensieri sull'argomento, esprimi il tuo accordo. Ripeti la risposta.

ESEMPIO: *Senti:* Speriamo di avere fatto bene.
Dici: Anch'io spero che abbiate fatto bene.

1. ... 2. ... 3. ... 4. ... 5. ...

Dialogo

Prima parte. Sentirai una conversazione tra amici in un bar.

Parole utili: avermi dato del razzista (*accusing me of being a racist*)

Ascolta attentamente il dialogo.

NICOLETTA: Avete sentito? Si aprirà un nuovo centro sociale vicino allo stadio!

MASSIMO: Adesso anche gli extracomunitari, mancavano solo loro qui! Come se non avessimo abbastanza problemi da soli, in Italia!

NICOLETTA: Ma che dici? Secondo me questa è stata la decisione più intelligente che l'amministrazione avesse potuto prendere, data la forte immigrazione dall'Albania e dalla ex-Jugoslavia. Sarebbe meglio smettessi di fare l'intollerante!

MASSIMO: Non è intolleranza, è realismo politico il mio! Siamo sessanta milioni di italiani e il dieci per cento è disoccupato: dove troviamo altro lavoro?

LORENZO: Sai una cosa, Massimo? Secondo me, la cosa che ti preoccupa tanto è la diversità.

MASSIMO: Non è affatto vero. Ma cosa possono portare gli extracomunitari al nostro paese?

LORENZO: Loro stessi, con la loro cultura, musica, letteratura. E poi, scusa, chi sei tu per decidere chi sarebbe utile alla società e chi no?

NICOLETTA: Guarda, Massimo, che anch'io pensavo come te, poi ho conosciuto degli immigrati albanesi che sono i miei vicini di casa e ho capito che la mia era solo la paura del diverso. L'Italia non ha mai avuto una popolazione immigrata così numerosa come in questi anni.

MASSIMO: (*sarcastico*) Grazie di avermi dato del razzista! Io ho fatto solo un discorso economico, realista...

LORENZO: Basta, ora, arrivano i panini! Comunque è bene discutere sempre apertamente. È l'unico modo di combattere i pregiudizi razziali.

Seconda parte. Ascolta di nuovo il dialogo. Fai particolare attenzione ai discorsi riguardo agli extracomunitari in Italia.

Terza parte. Sentirai, per due volte, sei frasi basate sul dialogo. Segna, per ciascuna frase, **vero** o **falso.**

1. vero   falso

2. vero   falso

3. vero   falso

4. vero   falso

5. vero   falso

6. vero   falso

Ed ora ascoltiamo!

Piero ed Elio, due vecchi amici cinquantenni, discutono della società italiana di oggi e dei suoi problemi. Sentirai il loro dialogo. Puoi ascoltare il dialogo quante volte vuoi. Sentirai, per due volte, cinque frasi e dovrai segnare, per ciascuna frase, **vero** o **falso.**

1. vero   falso

2. vero   falso

3. vero   falso

4. vero   falso

5. vero   falso

 # Dettato

Sentirai un dettato tre volte. La prima volta, ascolta attentamente. La seconda volta, il dettato sarà letto con pause tra le frasi. Scrivi quello che senti. La terza volta, correggi quello che hai scritto. Scrivi sulle righe date. Controlla il tuo dettato con le soluzioni date in fondo al libro.

Laura è italoamericana ed è _____

_____

_____

_____

_____

_____

_____

_____

_____

_____

_____

_____

_____

_____

Sara in Italia

Sara è a Trieste e, dopo un giro della città, parla della cultura triestina con Antonella, che studia traduzione alla famosa Scuola per Interpreti e Traduttori.

Ascolta attentamente il dialogo. Ascolta il dialogo quante volte vuoi. Poi, rispondi alle domande che senti. Sentirai ogni domanda due volte. Ripeti la risposta.

Parole utili: diffusione della psicanalisi (*popularity of psychoanalysis*)

1. ...   2. ...   3. ...   4. ...   5. ...

Sara in rete...

For more information about what Sara experienced during her travels, check out the links found on the *Prego!* website (**www.mhhe.com/prego6**).

Answer Key

This key includes answers to the written activities not given on the audio and the text of the dictations.

CAPITOLO PRELIMINARE

A. Saluti e espressioni di cortesia

A. 1. Mi 2. Sono 3. di 4. giorno 5. chiamo 6. professoressa **C. Dialogue 1:** 1. Scusi 2. si 3. piacere 4. E 5. Sono **Dialogue 2:** 1. Bene 2. Lei 3. male 4. Arrivederci **Dialogue 3:** 1. va 2. tu 3. Ciao

In ascolto

1. due studenti 2. colleghi di lavoro 3. madre e figlio 4. professoressa e studente

B. In classe

A. 1. Scrivete! 2. Aprite il libro! 3. Ripetete «buona notte», per favore! 4. Chiudete il libro!
B. 1. come 2. dice 3. Benissimo 4. Scusi 5. scrive 6. Prego 7. Aprite 8. Come 9. capisco 10. favore **D.** 1. un banco 2. una sedia 3. un compito 4. un gesso 5. una penna 6. un foglio di carta 7. una matita 8. un quaderno 9. una porta 10. una lavagna

C. Alfabeto e suoni

D. 1. finestra (*window*) 2. scrivania (*desk*) 3. compagno (*companion, mate*) 4. aiuole (*flower beds*) 5. lavagna (*blackboard*) 6. dizionario (*dictionary*) 7. patata (*potato*) 8. parola (*word*)
I. 1. grammatica 2. importanza 3. partire 4. partirò 5. musica 6. trentatré 7. subito 8. umiltà 9. abitano 10. cantavano **J.** 2. prenderò 3. caffè 4. università 6. civiltà 7. virtù

In ascolto

1. b 2. c 3. b 4. a

E. Calendario

D. 1. martedì 2. giovedì 3. sabato 4. domenica 5. venerdì 6. lunedì 7. mercoledì
F. Part 1: 3, 2, 5, 4, 6, 1 Part 2: 5, 1, 2, 4, 3, 6

F. Parole simili

B. 1. Jim Walker 2. 28 gennaio 1969 3. Boulder 4. San Francisco 5. insegnante d'italiano 6. Venezia **C.** 1. Mi chiamo… 2. Sono di… 3. Ho… anni. 4. Sono studente/studentessa d'italiano.

CAPITOLO 1

In ascolto

1. vero 2. falso 3. vero 4. in Viale Dante 5. in Via Gramsci 6. in Piazza Fontana

Grammatica   A. Nomi: genere e numero

B. *You should have checked the following items for each person:* ALESSANDRA: panino, caffè MARCO: panino, birra LEONARDO: banana

B. Articolo indeterminativo e *buono*

A. *You should have checked the following items:* un passaporto, una mappa della città, un biglietto aereo, una carta di credito, una borsa grande, uno zaino **B.** 1. buon 2. buon 3. buon 4. buoni 5. buon' 6. buona 7. buon 8. buoni

C. Presente di *avere* **e pronomi soggetto**

B. 1. io 2. Loro 3. Hai 4. ho 5. Hai 6. Lei 7. hanno 8. abbiamo

D. Espressioni idiomatiche con *avere*

B. 1. hai 2. ho 3. voglia 4. fame 5. di 6. abbiamo 7. Hai 8. ragione

Dettato

Ecco che cosa ha Filippo in una valigia: un computer, cinque libri di testo d'italiano, un dizionario, una carta dell'Italia, quattro quaderni, tre penne e due matite.

CAPITOLO 2

Vocabolario preliminare

B. Aula: grande, due lavagne e un orologio; Numeri di studenti: 20 nuovi compagni di classe, 13 ragazze e 7 ragazzi; Descrizione di Caterina: alta, bruna, occhi neri magnetici, con gli occhiali, simpatica; Descrizione di Enrico: robusto, sportivo, allegro, bruno, occhi verdi; Descrizione di Angelo: magro, piccolo, biondo, occhi azzurri, sportivo ed energico

In ascolto

1. Massimo: *trent'anni*, statura media, *capelli neri*, *occhi neri*, antipatico 2. Pietro: ventitré anni, *statura alta*, capelli biondi, *occhi azzurri*, *timido* 3. Alessandro: ventun anni, *statura alta*, *capelli neri*, occhi verdi, *l'ideale*

Grammatica   A. Aggettivi

H. 1. molto 2. molti 3. molti 4. molte 5. molto 6. molti 7. molto 8. molta

B. Presente di *essere*

A. Età e professione di Roberto: 20 anni, studente.   Età di Luigi: 19 anni. Com'è Luigi? È molto sportivo ed energico.   Età di Marco: 18 anni.   Com'è Marco? È molto simpatico e divertente. Chi sono Rodolfo e Macchia? Rodolfo è un gatto e Macchia è un cane.   Com'è Rodolfo? Rodolfo è pazzo ma carino.   Com'è Macchia? Macchia è vecchia. Ha 15 anni. **B.** 1. sei 2. è 3. è 4. sono 5. sono 6. Sono 7. Siamo 8. sono 9. sono

Dettato

In quest'aula grande e luminosa ci sono ventisei studenti. Ci sono quattordici studentesse e dodici studenti. I banchi sono nuovi, le sedie sono comode, c'è l'aria condizionata, e abbiamo anche un bel poster italiano e una bella carta geografica dell'Europa. La professoressa d'italiano è brava e le lezioni sono interessanti.

CAPITOLO 3

Vocabolario preliminare

C. 1. storia 2. letteratura 3. greco 4. latino 5. matematica 6. trigonometria 7. lettere 8. letteratura 9. Fisica

In ascolto

1. molto nervoso / letteratura italiana   2. biblioteca / studiare   3. storia moderna   4. paura
5. letteratura inglese

Grammatica   A. Presente dei verbi in -are

A.   1. insegna   2. frequentano   3. frequento   4. studiamo   5. lavoriamo   6. studia   7. lavora

B. Dare, stare, andare e fare

D.   1. va   2. Sto   3. Dai   4. stare   5. dai   6. do   7. Sto   8. andiamo

C. Aggettivi possessivi

B.   1. L'assistente di astronomia è il suo insegnante preferito.   2. Le sue lezioni sono super-affascinanti.   3. Perché è la sua fidanzata.

D. Possessivi con termini di parentela

B. (*Answers to art*)   1. mio nonno   2. mia nonna   3. mio nonno   4. mia nonna   5. mia zia: professoressa di biologia   6. mio zio: medico   7. mio padre: insegnante (matematica)   8. mia madre: insegnante (chimica)   9. mia zia: dentista   10. mio zio: dentista   11. mia zia: segretaria   12. io: studente di fisica   13. mio fratello: studente di fisica   (*Answers to exercise*)   1. Il suo   2. Suo padre   3. Sua madre   4. suo zio   5. La sua zia   6. suoi zii   7. Suo   8. I suoi

Dettato

Mariella, Stefano e Patrizia, amici d'infanzia, ricordano il loro passato di studenti: quegli otto anni passati insieme, cinque alla scuola elementare e tre alla scuola media. Ed ora frequentano licei diversi. E sicuramente nel loro futuro le facoltà universitarie sono ancora diverse.

CAPITOLO 4

Vocabolario preliminare

C.   1. facciamo   2. Andiamo   3. vediamo   4. ho   5. voglia   6. danno   7. vuoi   8. facciamo
9. guardiamo   10. Fa   11. passare   12. abbiamo   13. pulire   14. capisco   15. faccio   16. pulisci

In ascolto

1. È in ritardo per una lezione di nuoto.   2. Va in piscina.   3. Va a casa.   4. Deve prendere due autobus.   5. Sono divertenti e non molto care.

Grammatica   B. Dovere, potere e volere; dire, uscire, venire

A.   7, 2, 6, 8, 4, 3, 1, 5

D. L'ora

A.   1. 8.00   2. 10.30   3. 11.45   4. 1.00   5. 2.20   6. 4.00   7. 7.30

Dettato

Giovanna e Rossana sono due ragazze di Milano. Frequentano l'Università Statale, facoltà di lettere e filosofia. Alessandra, invece, lavora: è architetto in uno studio del centro. La domenica le tre amiche stanno insieme: fanno gli esercizi di yoga, danno delle feste oppure vanno in campagna.

CAPITOLO 5

Vocabolario preliminare

C. 1. Falso. Giuditta prende un'aranciata. 2. Vero. 3. Falso. Roberto prende un panino al prosciutto. 4. Falso. Giuditta prende un panino al prosciutto e formaggio.

In ascolto

1. vero 2. falso, Giacomo non vuole andare al caffè Gilli perché costa troppo. 3. falso, Valentina vuole scrivere cartoline al tavolino. 4. falso, Secondo Valentina, possono passare quarantacinque minuti al caffè. 5. falso, Giacomo preferisce prendere un caffè al banco.

Grammatica   B. Passato prossimo con *avere*

A. 1. bevuto 2. preparato 3. pagato 4. dato

Dettato

Oggi, al bar, non ho preso il solito caffè. Ho voluto solo un latte, semplice, caldo. Poi ho mangiato una brioche e ho bevuto anche una spremuta d'arancia. A dire il vero, il latte e il succo d'arancia non sono andati bene insieme e io sono stato male per il resto della mattina. Ho avuto mal di stomaco.

CAPITOLO 6

Vocabolario preliminare

C. 1. un minestrone 2. gli gnocchi 3. al pomodoro 4. bistecca 5. patate fritte 6. un'insalata 7. il dolce 8. tiramisù

In ascolto

Lucia—PRIMO: gli spaghetti al ragù   Marco—ANTIPASTO: prosciutto e melone; DOLCE: una crostata di frutta fresca   Francesco—SECONDO: pollo arrosto e insalata mista

Grammatica   C. *Piacere*

A. 1. Gli piace 2. gli piacciono 3. gli piace 4. gli piace 5. le piace 6. Le piacciono 7. le piace 8. le piace

Dettato

Danilo ha cucinato la cena di compleanno per sua sorella Valentina. Danilo è l'esperto di cucina della famiglia e, naturalmente, conosce anche i vini. Per Valentina, invece, i vini sono tutti uguali. Danilo spiega a Valentina che i vini rossi devono accompagnare le carni mentre quelli bianchi sono adatti per il pesce o per le carni bianche.

CAPITOLO 7

Vocabolario preliminare

B. 1. rilassarsi 2. fare 3. lavarsi i capelli 4. il bucato 5. si 6. pettina 7. si trucca 8. Si mette 9. Si mette 10. Si mette

In ascolto

1. Non vuole uscire perché non ha niente da mettersi. 2. Ha comprato un vestito ieri. 3. Ha comprato le scarpe due giorni fa. 4. Secondo lei, ha bisogno di una camicia e una cintura.

Grammatica   B. Costruzione reciproca

A.   1. si conoscono   2. Si vedono   3. si parlano   4. si capiscono

E. Numeri superiori a 100

B.   1. centocinquantotto   2. cinquecentottantuno   3. novecentoquarantatré   4. milleottocentottanta
5. duemilauno   6. un milione

Dettato

Marilena, Franca, Elena e Silvia vivono insieme in un appartamento nel centro di Roma. Marilena
studia all'università, Franca insegna lettere in una scuola media, Elena, la più grande, si è laureata sei
anni fa e lavora in laboratorio, Silvia si è specializzata in informatica e lavora in un ufficio. Le quattro
ragazze non si annoiano mai: vivere insieme è stimolante e interessante, anche se qualche volta è
difficile. Ma le ragazze, invece di arrabbiarsi, si capiscono e si aiutano tra di loro.

CAPITOLO 8

Vocabolario preliminare

B.   1. il settimanale   2. la pubblicità   3. la recensione   4. il mensile   5. la cronaca   6. il quotidiano

In ascolto

1. C'è una buona recensione del film di Benigni sul giornale di oggi.   2. Claudia ha letto una lunga
intervista a Benigni su un settimanale.   3. Le domande dell'intervista che Sandra ha letto sono sul
film e su Benigni come regista.   4. Sandra ha intenzione di stare a casa stasera a guardare un vecchio
film di Benigni su Rai Due.

Grammatica   C. Trapassato

A.   1. era   2. aveva capito   3. era   4. è andata   5. è arrivato   6. era... uscita

D.   1. era   2. abitava   3. Si chiamava   4. aveva   5. era   6. doveva   7. camminava   8. si era...
svegliata   9. aveva trovato   10. aveva detto   11. era andato   12. aveva perso   13. era andato
14. aveva trovato

Dettato

Maurizio e Rinaldo sono due vecchi amici. Si conoscono da quando erano piccoli. Rinaldo si è sposato
e ha una bambina che va all'asilo. Lui e sua moglie Giuliana sono molto contenti. Maurizio, invece, è
divorziato, lui e sua moglie non si capivano. Da quando Maurizio è divorziato sua madre fa tutto per
il figlio: stira, lava, cucina eccetera. Angela, la sorella di Maurizio, vive in America. È una donna
indipendente ed è andata in America da sola.

CAPITOLO 9

In ascolto

1. vero   2. falso, Alessandra e Alberto vogliono andare in montagna questo fine settimana.   3. falso,
Alessandra conosce dei posti bellissimi sui Monti Sibillini.   4. vero   5. vero

Grammatica   D. Comparativi e superlativi irregolari

B.   1. meglio   2. peggio   3. peggiore   4. migliore   5. peggiore

Dettato

Il sistema nazionale sanitario in Italia, anche se ha dei problemi, è di buon livello. Il diritto alla salute e alle cure, come quello al lavoro, è garantito dalla Costituzione italiana. L'assistenza medica è certo meno costosa che negli Stati Uniti, ma i servizi a volte sono meno buoni, anche se adeguati. La maggior parte degli ospedali italiani sono pubblici, non privati.

CAPITOLO 10

Vocabolario preliminare

D. COPPIA 1: Viareggio, treno, albergo tre stelle, carta di credito; COPPIA 2: l'Umbria (Gubbio, Assisi, Perugia), macchina, pensione, carta di credito / contanti; COPPIA 3: Creta / Grecia, nave, albergo di lusso, carta di credito

In ascolto

1. trovare un albergo a buon prezzo   2. cara   3. doppia / doccia / pensione   4. delle belle spiagge   5. noleggiare una barca, prendere il sole, mangiare il pesce

Grammatica   A. Futuro semplice

A.   1. partirò   2. Prenderemo   3. andremo   4. Passeremo   5. noleggeranno   6. continueranno   7. andrò   8. studierò   9. ritorneremo

B. Usi speciali del futuro

A.   1. Sarà   2. Avrà   3. Mangerà   4. Dormirà   5. Avrà   6. Scriverà

D. Formazione dei nomi femminili

A.   1. pittrice   2. professoressa   3. scultrice   4. attrice

Dettato

Due coppie di amici hanno deciso che quest'anno passeranno le vacanze nel Sud d'Italia. Desiderano un posto tranquillo, con il mare pulito e le spiagge non affollate. Hanno scelto la costa Sud del mare Adriatico, le Puglie. Per molti anni Enrico e Zara hanno passato vacanze attive: viaggi in paesi lontani, avventure ed esotismo. Renato e Laura hanno sempre preferito cercare dei posti isolati e tranquilli dove potersi rilassare, lasciarsi trasportare dalle letture preferite, contemplare le bellezze naturali. Hanno sempre voluto le piccole comodità, il buon cibo e il buon vino invece di viaggi nei paesi lontano.

CAPITOLO 11

In ascolto

DIALOGO 1   dalla lattaia: burro, latte, yogurt = € 5,80   DIALOGO 2   dal macellaio: prosciutto crudo, prosciutto cotto, salame, arrosto di vitello = € 19   DIALOGO 3   dalla fruttivendola: pomodori, mele, pere, arance = € 11,25

Grammatica   C. Pronomi doppi

A.   1. Gliela   2. me la   3. gliela

D. Imperativo (*tu, noi, voi*)

A.   1. non andare   2. Studia   3. fatti   4. trova

Ed ora ascoltiamo!

CLIENTE A: una giacca; bianca o grigia; taglia 50; CLIENTE B: un maglione; rosso; taglia 38 o 40; CLIENTE C: un cappello; marrone; taglia 48

Dettato

Giovanna e Silvana sono in giro per la città per fare spese. Oltre alla spesa per il fine settimana le due amiche vogliono fare un giro per i negozi del centro e per i grandi magazzini alla ricerca di qualche affare. I negozi di abbigliamento di alta moda sono sempre molto cari ma nei grandi magazzini è possibile trovare delle svendite. Al mercato all'aperto, poi, non è difficile trovare dei buoni affari. Girare per le bancarelle di un grande mercato è piacevole e interessante. C'è di tutto: frutta, verdura, formaggi e salumi da una parte e dall'altra vestiti, scarpe e tutti gli oggetti utili per la casa.

CAPITOLO 12

Vocabolario preliminare

A. 1. casa 2. stanze 3. bagni 4. camere 5. matrimoniali 6. singola **C.** 1. un palazzo 2. l'ascensore 3. nella strada 4. al secondo piano 5. a sinistra

In ascolto

1. falso, L'appartamento non è ancora affittato. 2. vero 3. vero 4. falso, C'è un balcone. 5. falso, Il trasloco non è un problema perché ci sono scale e finestre larghe. 6. falso, Carla e il signor Pini hanno appuntamento domani al numero 102, alle sei di sera.

Grammatica   A. Aggettivi indefiniti

A. 1. tutta 2. qualche 3. Alcune **C.** 1. qualunque 2. alcune 3. Tutte 4. Tutte 5. ogni

D. Imperativo (*Lei, Loro*)

A. 1. telefoni 2. dica 3. abbia 4. richiami

Ed ora ascoltiamo!

You should have labeled the floor plan as follows: 1. il ripostiglio grande 2. la camera da letto grande 3. il bagno piccolo 4. la sala da pranzo 5. la cucina 6. il bagno grande 7. la camera da letto piccola 8. lo studio 9. il soggiorno

Dettato

Simonetta e Lucia hanno frequentato lo stesso liceo ed ora si sono iscritte alla facoltà di sociologia dell'Università di Roma. Andare a Roma a frequentare l'università significa trovare casa, abitare da sole, sviluppare il senso dell'autodisciplina e della responsabilità. Tutto questo non preoccupa le due ragazze, al contrario, le stimola. Dei loro compagni di classe loro sono le uniche che hanno scelto Roma. Ora, però, cominciano i primi problemi: trovare la casa e poi un lavoretto, magari mezza giornata. Ma le due ragazze sono coraggiose e si meritano un colpo di fortuna!

CAPITOLO 13

Vocabolario preliminare

A. 1. b 2. a **B.** IL TRAFFICO 1. la targa 2. la patente 3. il pieno di benzina 4. le gomme 5. i mezzi di trasporto 6. il vigile L'AMBIENTE 1. i rifiuti 2. il riciclaggio 3. l'effetto serra 4. la fascia d'ozono 5. l'inquinamento

In ascolto

1. b 2. a 3. c 4. c 5. a

Grammatica   A. Condizionale presente

A. 1. daresti 2. sarebbe 3. faresti

B. *Dovere, potere* e *volere* al condizionale

A. 1. vorrebbe andare 2. lo potrebbe fare 3. dovrebbe studiare di più per recuperare il tempo perduto

C. Condizionale passato

A. 1. Sarei dovuto 2. Avrei dovuto 3. Avrei fatto

D. Pronomi possessivi

B. 1. mia 2. tua 3. mia 4. mia 5. sua 6. mia

Dettato

Enrico e Paola si interessano di ecologia. Cercano di influenzare l'opinione pubblica riguardo ai problemi dell'ambiente. Il loro non è un lavoro facile: la gente è spesso pigra e preferisce non affrontare il problema. Naturalmente ci sono anche quelli che hanno scelto di essere attivi e partecipano ai gruppi dei Verdi. Ma la battaglia per la protezione dell'ambiente è lunga e incerta: interessi privati, giochi politici, eccetera contribuiscono a renderla difficile.

CAPITOLO 14

Vocabolario preliminare

A. 1. musicista 2. opera 3. concerti 4. jazz 5. sassofono 6. opera

In ascolto

1. falso, La diva di cui parlano è una mezzosoprano. 2. falso, Canta bene le arie comiche e interpreta bene Rossini. 3. falso, Francesca ha la fortuna di ascoltarla nelle opere di Rossini. 4. vero 5. vero

Grammatica   C. Costruzioni con l'infinito

A. *You should have underlined the following verbs:* trovare, chiedere, vendere, preoccupare, cercarli
1. trovare biglietti per il concerto di Zucchero è impossibile 2. chiedere al suo amico se conosce qualcuno che ha biglietti da vendere 3. di cercarli

Ed ora ascoltiamo!

1. vecchia; trenta 2. il violino; il pianoforte 3. le canzoni sociopolitiche 4. il festival di San Remo

Dettato

Clark e Christie sono molto interessati alla musica italiana, tutta: dall'opera lirica alla musica leggera, dai cantautori, alla musica da liscio. Per molto tempo hanno associato all'immagine dell'Italia solo l'opera lirica ma ora hanno notato che la produzione musicale italiana è ricca e vasta. I ragazzi vorrebbero andare al festival del jazz che è allestito tutte le estati in Umbria. Quest'anno partecipano delle nuove cantanti jazz italiane e i ragazzi sono molto curiosi. È un po' tardi per trovare un albergo ma gli amici, per l'amore della musica, dormirebbero anche all'aperto!

CAPITOLO 15

Vocabolario preliminare

A. 1. 2,5 per cento. Perché l'italiano corrispondeva al dialetto fiorentino e nella peninsola era principalmente una lingua scritta.   2. Perché era più prestigioso di altri dialetti in Italia.   3. Imparato l'italiano a scuola.   4. Si è un po' trasformata con molte parole ed espressioni dei dialetti delle varie regioni. **C.** 1. capolavoro   2. autore   3. poesia   4. citato   5. Riassumere   6. romanzo

In ascolto

1. l'ingresso era bloccato   2. un enorme scavo archeologico   3. i ruderi   4. medioevo / etrusco
5. un museo della scultura

Dettato

Petrarca scrisse le *Rime* o *Canzoniere* per celebrare il suo amore per Laura, che era morta durante la peste del 1348. Il poeta lavorò al libro per la maggior parte della sua vita, e lo finì poco prima di morire: ma sappiamo che avrebbe aggiunto altre poesie, perché nel suo manoscritto ci sono spazi bianchi. Le *Rime* di Petrarca furono subito celebrate dai poeti italiani e europei come un capolavoro e diventarono il modello cui ispirarsi. La poesia rinascimentale europea prese Petrarca come punto di partenza, e imitò il suo *Canzoniere*, lo riscrisse, lo adattò. Si cercò insomma di esprimere nelle varie lingue il contrasto tra amore spirituale, amore carnale, poesia e memoria, che è centrale in Petrarca.

CAPITOLO 16

Vocabolario preliminare

C. LO STATO   1. il primo ministro   2. il Presidente della Repubblica   3. il deputato, la deputata
4. votare   5. le elezioni   6. la Costituzione   7. la Camera dei Deputati e il Senato   8. il voto
I PROBLEMI SOCIALI   1. uno sciopero   2. il salario, lo stipendio   3. l'impiegato, l'impiegata
4. l'operaio, l'operaia   5. le tasse   6. la disoccupazione

In ascolto

1. Laura è confusa perché ci sono così tanti partiti in Italia.   2. Valerio le risponde che negli Stati Uniti i due partiti sono molto simili mentre in Italia le posizioni politiche possono essere molto distanti.   3. La cosa che sorprende Laura è la partecipazione di massa alle elezioni.   4. Valerio spiega che il voto è importante per gli italiani anche perché sono stati senza diritto di voto durante il fascismo. E molte persone ancora credono che il voto possa cambiare le cose.   5. Laura risponde che nel suo paese molti pensano che sia inutile votare perché sono contenti della situazione economica e dei diritti che già hanno. *Second part of answer will vary.*

Grammatica   A. Congiuntivo presente

A. 1. siano   2. aumenti   3. crescano   4. siano   5. pensi   6. sia   7. si occupino

Dettato

Guido ha invitato a cena i suoi amici Giulia ed Enrico. Enrico fa il giornalista ed è sempre ben informato sulle novità politiche, Guido e Giulia si interessano di politica dai tempi del liceo, quando militavano nel movimento studentesco. Ognuno ha il proprio punto di vista e le proprie idee. Guido è ottimista ed è convinto che gli italiani sappiano gestirsi politicamente senza mettere in pericolo la democrazia. Giulia pensa che la gente sia confusa e, forse, facile da manipolare. Per Enrico, invece, l'Europa intera è in un periodo di crisi con tanti problemi come il nazionalismo.

CAPITOLO 17

In ascolto

1. assumere   2. la settimana prossima   3. l'assistenza medica   4. mansioni   5. ai suoi nuovi colleghi

Grammatica   A. Congiunzioni che richiedono il congiuntivo

D.   1. ... tu capisca che cosa è successo, che cosa hai fatto, e perché mi hai ferito   2. ... sia stanco
3. ... tu non ti arrabbi   4. ... non mi piaccia   5. ... tu ti comporti diversamente   6. ... tu non mi
chieda di andar via

B. Altri usi del congiuntivo

A.   1. Chiunque   2. Qualunque   3. Dovunque

Dettato

Stamattina Cinzia, Gabriella e Francesco si sono incontrati per caso per le vie del centro. Così hanno
preso un caffè e fatta una chiacchierata con gli amici al bar. Francesco racconta dei motivi che lo hanno
spinto a licenziarsi, decisione coraggiosa e difficile. Cinzia è ancora sotto tensione per il colloquio di
lavoro appena fatto. Gabriella, che avrà presto un bambino, parla con gli amici delle sue condizioni e
delle sue paure. Per i tre ragazzi questa improvvisa mattinata libera diventa l'occasione per parlare di
se stessi e condividere problemi ed esperienze.

CAPITOLO 18

In ascolto

1. falso, Gli amici di Lorenzo sono tornati dall'Etiopia la scorsa settimana.   2. vero   3. falso, La
bambina ha otto mesi.   4. falso, È stato complicato adottare la bambina per problemi burocratici.
5. vero

Grammatica   A. Imperfetto del congiuntivo

A.   1. ti fidanzassi   2. mi innamorassi   3. mi sposassi

C. Correlazione dei tempi nel congiuntivo

A.   1. tu restassi   2. ti capiti   3. capissi   4. faccia   5. mi preoccupi

Dettato

Laura è italoamericana ed è andata in Italia a visitare i luoghi d'origine della sua famiglia. Da
bambina sentiva spesso parlare dell'Italia ed i nonni le parlavano in italiano, ma a scuola ha imparato
l'inglese e con i genitori non ha mai parlato italiano. L'immagine dell'Italia le era rimasta vaga ed
incerta, gli stereotipi ed i miti non le permettevano di averne una visione chiara. Solo un viaggio le
avrebbe permesso di farsi un'opinione personale del paese e dei suoi abitanti. In Italia Laura ha
riscoperto la propria identità etnica, ha capito meglio la cultura italiana e ha incontrato i parenti di
cui aveva solo sentito parlare. È stata un'esperienza importante e Laura ne è molto soddisfatta.